Melanie Gräßer | Hamida Hadj-Mustafa | Eike Hovermann jun. (Hrsg.)

Flüchtlingskinder in der Kita

Alle wichtigen Infos und Tipps rund um die Integration von Kindern und ihren Familien

Cornelsen

Impressum

Gleichstellung

Aus Gründen der besseren Lesbarkeit des Textes wurde, sofern es sich nicht um Zitate handelt, auf die Schreibweise „-er/Innen" verzichtet. Generell wurden stattdessen die Begriffe stets in der Variante „ErzieherIn" verwendet.

Autorinnen und Autoren

Oliver Berg, Susanne Beucher, Melanie Gräßer, Hamida Hadj-Mustafa, Eike Hovermann, Annett Leisau, Martina Petri, Jesaja Michael Wiegard

Bildquellen

S. 5: Fotolia / Robert Kneschke; S. 16: Fotolia / RioPatuca Images; S. 22: Fotolia / oceane2508; S. 25 oben: Fotolia / erakhimova; S. 25 unten: Fotolia / Robert Kneschke; S. 30: Fotolia / Katarzyna Bialasiewicz photographee.eu; S. 41: Shutterstock / goodluz; S. 53: Shutterstock / Sergey Novikov; S. 56: Shutterstock / spass; S. 57: Fotolia / Graham Oliver; S. 58: Shutterstock / Monkey Business Images; S. 66: Shutterstock / Elena Yakusheva

Redaktion: Daniela Brunner, Korschenbroich
Umschlaggestaltung: Corinna Babylon, Berlin
Umschlagfoto: fotolia / © ChristArt
Layout / technische Umsetzung: LemmeDESIGN, Berlin

www.cornelsen.de

1. Auflage 2017

© 2017 Cornelsen Verlag GmbH, Berlin

Das Werk und seine Teile sind urheberrechtlich geschützt. Jede Nutzung in anderen als den gesetzlich zugelassenen Fällen bedarf deshalb der vorherigen schriftlichen Einwilligung des Verlags.

Hinweis zu den §§ 46, 52a UrhG: Weder das Werk noch seine Teile dürfen ohne eine solche Einwilligung eingescannt und in ein Netzwerk eingestellt oder sonst öffentlich zugänglich gemacht werden. Dies gilt auch für Intranets von Schulen und sonstigen Bildungseinrichtungen.

Druck: Athesiadruck GmbH

ISBN 978-3-589-15395-4

Inhaltsverzeichnis

Vorwort 5

1 Eigene Haltung 6

2 Rechtsgrundlagen und Regelungen 8

2.1 Basiswissen: Kinderrechte sind Menschenrechte 8

2.2 Von der Aufenthaltserlaubnis bis zum Versicherungsschutz 11

2.3 Wer ist mein Ansprechpartner? 12

2.4 Gesundheit 12

3 Interkulturelle Kompetenz und Pädagogik 14

3.1 Werte und Normen 15

3.2 Nonverbale Kommunikation 19

3.3 Netzwerkaufbau – Kooperation 20

3.4 Rund ums Essen – Esskulturen in der Kita 23

3.5 Weitere praktische Tipps 24

4 Elternarbeit 26

4.1 Prinzipien der interkulturellen Elternarbeit 27

4.2 Anwendung das SMART-Prinzips 29

4.3 Die 10 effektivsten Tipps für die richtige Gesprächsführung 30

4.4 Konfliktgespräche richtig führen 32

4.5 Elternarbeit optimieren 35

5 Resilienz: Aktivierung und Förderung 36

5.1 Basics der Resilienz 36

5.2 Sind Flüchtlingskinder automatisch Hoch-Risiko-Kinder? 38

5.3 Praktische Resilienzförderung für Flüchtlingskinder 39

5.4 Resilienzfördernde Spiele 41

6 Sprache ... 42

6.1 Mehrsprachigkeit ... 42

6.2 Zur Bedeutung der Familiensprache für die Entwicklung ... 46

6.3 Sprachlicher Übergang von der Familie in den Kindergarten ... 47

6.4 Zweitspracherwerb – Rahmenbedingungen ... 48

6.5 Den Kita-Alltag für Kinder ohne Deutschkenntnisse gestalten ... 51

6.6 Sprachübungen für die ganz Kleinen ... 56

6.7 Vorlesen und Bilderbücher ... 58

6.8 Sprachfördernde Handlungsgeschichten und Fantasiereisen ... 59

7 Traumapädagogik ... 60

7.1 Was ist ein Trauma und woran erkennen Sie es? ... 60

7.2 Posttraumatische Belastungsstörung (PTBS) ... 61

7.3 Der Kontakt mit einem traumatisierten Kind ... 63

7.4 Das Problem und der Umgang mit „Tauma-Triggern" ... 66

7.5 Professionelle therapeutische Hilfe ... 68

7.6 Eltern (traumatisierter) Flüchtlingskinder ... 69

7.7 Exkurs: Thema Tod und Trauer ... 71

7.8 Der Kita-Check: räumliche und logistische Vorbereitungen ... 71

8 Selbstfürsorge ... 73

8.1 Warum ein eigenes Kapitel zu dem Thema? ... 73

8.2 Ihre persönliche Belastungsgrenze ... 74

8.3 Eigene Ressourcen und Kraftquellen ... 80

Kopiervorlagen als Arbeitshilfe ... 81

Praktische Tipps, Hinweise und weiterführendes Material ... 94

Alle Kopiervorlagen können Sie im Internet auf unserer Webseite www.cornelsen.de finden. Geben Sie hierfür die **ISBN-Nummer** Ihres Titels im **Suchfeld** ein und klicken Sie auf das im Fenster erscheinende Cover. Hier finden Sie im linken Navigationsbereich den Reiter **Download,** wo Sie die Materialien abrufen können.

Vorwort

*Lange saßen sie dort und hatten es schwer,
doch sie hatten es gemeinsam schwer,
und das war ein Trost.
Leicht war es trotzdem nicht.
  Astrid Lindgren (aus Ronja Räubertochter)*

Diese Situation aus dem Buch von Astrid Lindgren wird Ihnen vielleicht irgendwie bekannt vorkommen. Als ErzieherIn stehen Sie immer wieder vor großen Herausforderungen und schwierigen Situationen. Aktuell und auch prognostisch wird die Zahl der Menschen mit Migrations- und Fluchterfahrung wohl weiterhin ansteigen. Die andauernden Konflikte in den vielen Kriegs- und Krisengebieten dieser Welt wie Syrien, Afghanistan usw. werden auch weiterhin viele Familien mit ihren Kindern mit traumatischen Erlebnissen nach Deutschland kommen lassen. Ebenso werden Kinder ohne ihre Eltern nach Deutschland kommen.

Nach der Flucht in Deutschland angekommen, befinden sich insbesondere Kinder in einer speziellen Lebenssituation, die sehr große Herausforderungen mit sich bringt, denen Sie als ErzieherIn gegenüberstehen und an vorderster Front täglich begegnen. Dieser Ratgeber soll Ihnen eine konkrete Hilfe für Ihre Arbeit mit Kindern mit Fluchterfahrung sein. Er soll Ihnen Mut machen, Sicherheit geben und an den erforderlichen Stellen mit praxisorientierten Tipps und Checklisten helfen, die Herausforderungen, die diese Kinder mit sich bringen, gut meistern zu können.

Hauptaufgabe dieses Ratgebers und gleichzeitig unser größtes Anliegen ist es, Sie bei der Arbeit mit Kindern mit Fluchterfahrung zu stärken, zu unterstützen, vorzubereiten und Sie für die kommenden Herausforderungen zu ermutigen. Egal, wie schwierig die Situationen für Sie als ErzieherIn werden mögen, vergessen Sie nicht, dass Sie ganz im Sinne von Ronja Räubertochter für Ihre Kinder in jedem Falle allein durch Ihre Arbeit und Ihr Engagement eine unschätzbar große Hilfe sind.

Wir wünschen Ihnen viel Freude und Erfolg

*Melanie Gräßer, Hamida Hadj-Mustafa,
Eike Hovermann*

1 Eigene Haltung

von Melanie Gräßer und Eike Hovermann

Kennen Sie die folgende Situation?

Sie haben sich auf eine Reise gemacht und nutzen den Zug, Sie haben ein sehr schönes, freies Abteil für sich gefunden, sich dort breit gemacht und haben es sich so richtig gemütlich gemacht, lesen vielleicht in der Zeitung oder träumen vor sich hin. Dann geht plötzlich die Abteiltür auf und ein Fremder fragt Sie: „Ist hier noch etwas frei?" Ihre ersten Gedanken sind möglicherweise: „Was will der denn?", „Kann der nicht woanders hingehen?", „Hier ist es doch gerade so gemütlich!", „Das ist doch mein Abteil!" Aber Sie sind höflich und bieten natürlich selbstverständlich einen der freien Plätze in „Ihrem" Abteil an. Sie nehmen demonstrativ Ihre Sachen vom Nebensitz, rücken Ihre Sachen auf dem Tisch zusammen und verstecken sich hinter Ihrer Zeitung. Wie das Leben so spielt, kommen Sie dann doch miteinander ins Gespräch und stellen dabei fest, dass der neue „Abteilmitnutzer" gar nicht so störend ist, im Gegenteil er könnte sogar ganz nett sein, vielleicht liest er auch ein Buch desselben Autors wie Sie, hat das gleiche Reiseziel …

Nach einer Weile öffnet sich die Abteiltür erneut und eine dritte Person begehrt ebenfalls einen Sitzplatz. Sie und Ihr Abteilmitnutzer gucken sich genervt an, seufzen, gucken hilfesuchend hin und her, ob denn wirklich noch ein Platz frei ist und antworten dann etwas unfreundlich: „Ja gut." Die dritte Person sucht sich einen Platz. Ihr Gespräch ist erstmal unterbrochen und es herrscht eine betretene Stille. Nach einer Weile nehmen Sie das unterbrochene Gespräch wieder auf, jedoch ohne die dritte Person weiter zu beachten.

Plötzlich kommt eine Durchsage durch den Lautsprecher und es wird mitgeteilt, dass es zu einer Verspätung kommt. In diesem Moment schauen sich alle drei Abteilnutzer gegenseitig an und sind sofort in ein Gespräch verwickelt in dem es um mögliche verpasste Zuganschlüsse, den Unmut über die Verspätung und alte Erfahrungen mit Verspätungen geht …

Diese kleine Zugmetapher können Sie auch auf die Situation in Ihrem Kindergarten, Ihrer Kindergartengruppe oder auch in Ihrem Erzieherteam übertragen. Vielleicht haben Sie bereits Kinder mit Fluchterfahrung in Ihrer Einrichtung oder rechnen täglich damit. Sind Sie gut darauf vorbereitet und haben Sie sich schon einmal Gedanken über Ihre eigene Einstellung, Motivation und Ihre Ziele in der Arbeit mit Kindern mit Fluchterfahrung gemacht?
Wir haben Ihnen eine Checkliste erstellt (s. Anhang, S. 81 f.) mit deren Hilfe Sie anhand einiger Fragen Ihre eigene Einstellung gegenüber dieser neuen Herausforderung einmal für sich selber überprüfen und reflektieren können.
Nach der Beantwortung der Checkliste im Bereich der Selbstreflexion haben Sie sich Gedanken zu diesen Themen gemacht und sollten sich nun jeden dieser fünf Punkte noch einmal genauer anschauen.

Zu 1: Ängste

Zum Thema Ängste, fragen Sie sich sicherlich, mit welchen Themen Sie tatsächlich konfrontiert werden könnten? Erfahrene ErzieherInnen berichten von Kindern mit Traumatisierung, mit aggressivem Verhalten, weinenden Kindern, stummen Kindern, schwierigen Eltern und Angehörigen …
Sie berichten aber auch von/vom Überlebensfähigkeiten/-willen, von starken kleinen Persönlichkeiten, Dankbarkeit, vielen Selbstheilungskompetenzen, die darauf warten, von Ihnen geweckt zu werden, viel, woraus Sie selber lernen können.

Sie werden in Ihrer täglichen praktischen Arbeit feststellen, dass die Kinder mit Fluchterfahrung, deren Angehörige und ihre Geschichten Sie nicht überfordern werden, sondern Sie daran wachsen und gemeinsam auch im gesamten Kindergartenteam gewinnen. Hilfreich kann Ihnen hierbei sicher auch das Kapitel 8 zur Selbstfürsorge sein. Sie werden auch feststellen, dass viele Ihrer anfänglichen Ängste und Bedenken sich im Laufe der Zeit in Luft auflösen werden. Freuen Sie sich darauf, zahlreiche neue Erkenntnisse und Erfahrungen zu gewinnen.

Zu 2: Erwartungen

Wir können Ihnen zwar nicht sagen, ob Ihre Erwartungen alle in Erfüllung gehen werden, wir können aber sagen, was erfahrene ErzieherInnen berichten. Und die einhellige Meinung ist, dass viele positive Erwartungen in Erfüllung gegangen sind.

Diese können beispielsweise sein:
- Offenere Einstellung gegenüber anderen Menschen
- Horizonterweiterung
- Wertewandel
- Abbau von Vorurteilen
- Mehr Mut
- Mehr Selbstbewusstsein
- Begegnung mit starken Persönlichkeiten
- Mehr Wissen über fremde Kulturen …

Sie werden auch negative Erfahrungen machen, aber in der Regel werden die positiven Erfahrungen überwiegen.

Zu 3: Motivation

Sie haben sich ja bereits mit Ihrer Motivation auseinandergesetzt, auch hier können wir wieder nur auf die Erfahrungen der Experten verweisen. Positive Motivation kann ein wichtiger Antrieb für Ihre zukünftige Arbeit sein, deshalb ist es wichtig, dass Sie sich Gedanken über Ihre eigene Motivation machen. So können Sie bei Bedarf z. B. bei etwaigen Rückschlägen darauf zurückgreifen und so schwierige Situationen in Zukunft besser bewältigen.

Zu 4: Kompetenzen

Als gut ausgebildete ErzieherIn haben Sie ausreichend Erfahrungen und Handwerkszeug, um auch Kindern mit Fluchterfahrung gerecht zu werden und gut helfen zu können. Erfahrene ErzieherInnen berichten, dass es natürlich nützlich und förderlich und für den Therapieerfolg unabdingbar ist, dass Sie interdisziplinär denken, handeln und netzwerken. Darüber hinaus ist Ihre Kernkompetenz als ErzieherIn der Aufbau eines guten Kontakts und einer guten Beziehung zu den Kindern und deren Bezugspersonen. Genau dieses ist auch in der Arbeit mit Kindern mit Fluchterfahrung und deren Bezugspersonen der Dreh- und Angelpunkt Ihrer Arbeit.

Je besser Sie sich über Ihre eigenen Kompetenzen, Fähigkeiten und Ressourcen im Klaren sind, desto gezielter können Sie diese in Ihrer zukünftigen Arbeit mit Kindern mit Fluchterfahrung und deren Bezugspersonen nutzen. Um einen möglichst umfassenden Überblick hierzu zu erhalten, haben wir für Sie eine weitere Checkliste vorbereitet, die Sie im Anhang (s. S. 83 f.) finden.

Fazit

Vielleicht sind Sie überrascht, wie viele schöne aber auch negative Dinge es in Ihrem Leben schon gegeben hat und was Sie bereits alles für Ihre Arbeit mit Kindern mit Fluchterfahrung und deren Bezugspersonen mitbringen.
Wann immer Sie sich zwischendurch mal die Frage stellen: „Warum mache ich das eigentlich?" oder „Mache ich einen guten Job?" oder sich inkompetent oder überfordert fühlen, dann ist diese Checkliste ein wahrer Schatz, auf den Sie zurückgreifen können. Nutzen Sie Ihren Schatz und führen Sie sich von Zeit zu Zeit Ihr Füllhorn an Kompetenzen vor Augen. Vielleicht ergänzen Sie Ihre Liste auch, wenn Sie merken, dass Sie neue Kompetenzen bzw. Erfahrungen erworben haben und dadurch schon viel sicherer und kompetenter geworden sind.

 Rechtsgrundlagen und Regelungen

von Jesaja Michael Wiegard

 Basiswissen: Kinderrechte sind Menschenrechte

Seit fast 70 Jahren, seit Dezember 1948, gilt die **„Erklärung der Allgemeinen Menschenrechte"** durch die Vereinten Nationen als eine Art oberste Direktive für das Zusammenleben der Menschen in ihren Völkern, Nationen und Staaten. Jeder Mensch auf dieser Erde verfügt über Grundrechte, die er sich nicht verdienen muss, weil er oder sie irgendwie besonders ist. Es genügt schlicht, ein Mensch zu sein. Ähnlich, wie es im Grundgesetz der Bundesrepublik Deutschland seit Mai 1949 auch formuliert wird, gibt es einen ersten und grundlegenden Artikel 1:

„Alle Menschen sind frei und gleich an Würde und Rechten geboren. Sie sind mit Vernunft und Gewissen begabt und sollen einander im Geist der Brüderlichkeit begegnen."

Nach den Erfahrungen der großen Kriege in der ersten Hälfte des 20. Jahrhunderts, dem vielfältigen Leid, das Menschen im Krieg, auf der Flucht und bei Vertreibungen vor allem in Europa erlebt hatten, war es ein wichtiger Schritt, die Rechte von Flüchtlingen in der Genfer Flüchtlingskonvention von 1951 so zu vereinbaren. Klar ist nun, wer ein Flüchtling ist und welche Rechte und Pflichten Flüchtlinge und Zuflucht gewährende Länder haben.

*„Ein **Flüchtling** ist eine Person, die aus der begründeten Furcht vor Verfolgung wegen ihrer Rasse, Religion, Nationalität, Zugehörigkeit zu einer bestimmten sozialen Gruppe oder wegen ihrer politischen Überzeugung sich außerhalb des Landes befindet, dessen Staatsangehörigkeit sie besitzt, und den Schutz dieses Landes nicht in Anspruch nehmen kann oder wegen dieser Befürchtungen nicht in Anspruch nehmen will."*
(Artikel 1 der Genfer Flüchtlingskonvention)

Auch ein **Kind**, das flüchten musste, sei es allein oder mit seiner Familie, hat die gleichen und eigenen Rechte auf Schutz durch einen Zuflucht gewährenden Staat wie ein Erwachsener. Allerdings tritt zu der Erklärung der Menschenrechte seit 1959 eine Erklärung der Rechte der Kinder als Konkretisierung der besonderen Schutzbedarfe von Kindern, die seit 1989 in der **Kinderrechtekonvention** eine von allen Staaten in den Vereinten Nationen (außer Angola und den USA) anerkannte Grundlage des Schutzes von Kindern und ihrer Rechte bildet.

Die Kinderrechtekonvention folgt vier Leitlinien mit dem Blick auf Kinder:
- Recht auf Gleichbehandlung und Schutz vor Diskriminierung (Artikel 2)
- Vorrangigkeit des Kindeswohles (Artikel 3)
- Sicherung von Entwicklungschancen (Artikel 5 und 6)
- Berücksichtigung des Kindeswillens (Artikel 12)

Im Rahmen der Kinderrechtekonvention gibt es auch spezielle Rechte auf Schutz im Krieg für Kinder. Alle Länder, die die Kinderrechtekonvention unterschrieben haben, sichern demnach einem Flüchtlingskind Schutz zu. Es darf nicht in

Basiswissen: Kinderrechte sind Menschenrechte

sein Heimatland und somit in den Krieg zurückgeschickt werden. Wenn ein Kind auf der Flucht von seinen Eltern getrennt worden ist, ist alles für eine Familienzusammenführung zu tun. Außerdem genießt ein Flüchtlingskind in dem Land, in dem es sich aufhält, genau dieselben Rechte wie jedes andere Kind auch, dies sind z. B.: Unterstützung zum Lebensunterhalt, das Recht auf Erziehung, Betreuung und Bildung.

In den ersten 20 Jahren ihrer Geltung von 1989 bis 2009 galt die Kinderrechtekonvention in Deutschland nur unter Vorbehalt: Es sollte die Möglichkeit bleiben, Ausländer, insbesondere auch Kinder, anders zu behandeln – nach Ausländerrecht, z. B. in Fragen des Aufenthaltsrechtes bis hin zu einer Abschiebung in ein anderes Land. Dieser Vorbehalt wurde aufgegeben – seit 2010 haben alle Kinder, die sich als anerkannte Flüchtlinge in Deutschland aufhalten, und alle deutschen Kinder die gleichen Rechte gegenüber dem deutschen Staat.

Das alles klingt nüchtern, sachlich, rechtlich. Sogar ein wenig abschreckend – aber: es versucht einen Rahmen für das Handeln von helfenden Menschen abzustecken, eine belastbare Grundlage für die Finanzierung und Absicherung von Angeboten in einem Staat, der immer auch verantworten muss, wofür er die knappen Mittel ausgibt, die er zur Verfügung hat.

Wenn Menschen auf der Flucht sind, finden sich immer Menschen, die ihnen spontan helfen, sie aufnehmen, unterstützen und versorgen. Wenn das alles aber sehr lange andauert, mag es auch sein, dass die spontane Hilfe nicht mehr ausreicht oder sogar die überfordern kann, die helfen wollen. Darum müssen dann alle gemeinsam helfen: In Strukturen und geregelten Formen der Unterstützung, die auch die Helfenden mittragen, von denen im besten Falle auch die Helfenden mitgetragen werden.

Wenn die Kinder oder Familien also auf ihrer Flucht in Deutschland angekommen sind, wird zunächst geprüft, auf welcher rechtlichen Grundlage es möglich sein wird, dass sie für eine längere Zeit im Land bleiben. Dazu müssen sie in Erstaufnahmeeinrichtungen gehen oder gebracht werden, die von den Bundesländern organisiert werden, und mit dem Bundesamt für Migration und Flüchtlinge zusammenarbeiten.

Wenn dieses Verfahren läuft, wechseln die Geflüchteten in der Regel in andere Gemeinschaftsunterkünfte und werden nach dem für Verteilungsfragen zwischen den Bundesländern entwickelten „Königssteiner Schlüssel" auf die 16 Bundesländer verteilt – und dort den einzelnen Kommunen zugewiesen.

In einer Erstaufnahmeeinrichtung werden Menschen untergebracht, deren rechtlicher Status noch unklar ist. Eine erste medizinische Untersuchung findet statt, die Daten der Flüchtenden müssen erfasst werden. Die Flüchtlinge erhalten ein erstes Ausweisdokument. In dieser Aufnahmeeinrichtung kann und muss dann ein Antrag auf Gewährung von Asyl gestellt werden.

Dieses gesamte Verfahren kann sehr langwierig sein. Mit ihrem Antrag auf Asyl haben die Zuflucht-Suchenden deutlich gemacht, dass sie in Deutschland für eine längere Zeit bleiben wollen, weil ihnen an anderen Orten kein Schutz gewährt wird oder gewährt werden kann. Wenn das Heimatland als „Sicheres Herkunftsland" gilt, besteht kaum eine Aussicht auf eine Anerkennung als Asylberechtigter oder Flüchtling. Die gestellten Anträge werden dennoch geprüft, es könnte immer noch sein, dass ein Antragsteller eine individuelle Verfolgung glaubhaft machen kann. Allerdings kann das Verfahren hier sehr kurz sein und mit einer entsprechenden Ablehnung enden, die zeitnah zur Ausreise verpflichtet.

Rechtsgrundlagen und Regelungen

Sichere Herkunftsländer (Stand 12/2016):

- Die 28 Länder der Europäischen Union
- Die sechs Länder des West-Balkans: Bosnien-Herzegowina, Mazedonien, Serbien, Montenegro, Albanien und Kosovo
- Der Bundestag hat zwar im Mai beschlossen, dass auch Algerien, Marokko und Tunesien als sichere Herkunftsländer gelten sollen – aber der Bundesrat hat dem bisher nicht zugestimmt, weil die Kritik an dieser Entscheidung bislang nicht ausgeräumt ist.

- Medizinische Versorgung über das zuständige Sozialamt bei akuter Krankheit, teils durch Einzelantrag, teils durch eine Gesundheitskarte für Flüchtlinge
- Zuweisung einer Wohnung, solange kein eigenes Einkommen erzielt wird
- Teilnahme an Integrationskursen ist beschränkt und freiwillig möglich, wenn der Antragsteller aus Syrien, Irak, Iran und Eritrea kommt, da hier der Verbleib in Deutschland sehr wahrscheinlich ist.
- Keine Möglichkeit des Familiennachzugs

Mit der Antragstellung erhält der Antragsteller bis zum Entscheid über seinen Antrag eine Aufenthaltsgestattung, die als amtlicher Ausweis ausgegeben wird.

Wir haben Ihnen hier einen kleinen Überblick über die mit der Aufenthaltsgestattung verbundenen Rechte und Pflichten für das geflüchtete Kind und seine Bezugspersonen aufgeführt.

Rechte und Pflichten, die mit der Aufenthaltsgestattung einhergehen:

- **Befristetes Beschäftigungsverbot in den ersten drei Monaten** – gemeinnützige Arbeit gegen geringes Entgelt oder unbezahlte Arbeit z. B. im Ehrenamt ist aber möglich
- **Antrag auf Arbeitserlaubnis ab dem 4. Monat bis zum 15. Monat**
- Recht auf Kindertagesbetreuung
- Recht und Pflicht auf Schulbesuch
- Leistungen zum Lebensunterhalt nach dem SGB XII, bis zum 15. Monat gekürzt, dann in gleicher Höhe

Mit der Aufenthaltsgestattung endet die Flucht – ein Zufluchtsort ist gefunden. Damit stellt sich nun die Aufgabe, nach der Flucht den Weg der Integration zu gehen. Die Kinder und Erwachsenen müssen sich auf die neuen Lebensumstände in Deutschland einstellen. Das bedeutet das Erlernen von Sprache und Kultur und die Anpassung an die ortsüblichen Gegebenheiten und Verhaltensweisen des jeweiligen Zufluchtsorts.

Dies ist keine leichte Phase für eine geflüchtete Familie und es tauchen in der Regel viele Fragen auf: Wie viel meiner eigenen Welt / meiner eigenen Kultur erhalte ich mir? Wie sehr passe ich mich an das Leben in Deutschland an? Wie finde ich Kontakt zu Deutschen? Wie verliere ich nicht den Zusammenhalt mit denen, die aus meiner Heimat stammen? So beginnt der lange und zumeist nicht einfache Integrations- und Inklusionsprozess, in dem fremde Gäste langsam zu Freunden werden – und im Idealfall steht am Ende ein gemeinsames „Wir".

2.2 Von der Aufenthaltserlaubnis bis zum Versicherungsschutz

Erst mit der Aufenthaltserlaubnis bestehen für die Kinder Rechtsansprüche auf staatlich geförderte und unterstützte Bildung, Erziehung und Betreuung. Es gibt keine Unterschiede zu anderen Kindern.

Über die Unfallkassen der Länder sind Kinder mit Fluchterfahrung abgesichert, soweit sie die Angebote der öffentlichen Betreuung nutzen, sei es auf dem Weg zur Einrichtung oder zur Tagespflege oder während der Betreuung selbst. Dieser allgemeine Schutz inkludiert alle Kinder.

Gesetzlich abgesicherte Ansprüche:
- Rechtsanspruch auf Kinderbetreuung ab dem vollendeten ersten Lebensjahr, Umsetzung dieses Rechtsanspruchs durch Tagespflege oder durch den Besuch einer Kindertageseinrichtung
- Unfallschutz für die Dauer des Aufenthaltes in der Kita und die Wege von und zur Kita
- Versicherungsschutz für die Eltern, wenn sie sich ehrenamtlich engagieren
- Recht auf medizinische Notversorgung

Für die Familien mit Fluchterfahrung und Aufenthaltserlaubnis gelten weiterhin dieselben Rechte auf eine Unterstützung, wie sie auch andere Bezieher von Transferleistungen oder grundsätzlich allen Familien im Bedarfsfall offenstehen:
- Übernahme der Kita-Beiträge durch die örtliche wirtschaftliche Jugendhilfe
- Hilfe zur Erziehung durch die örtliche Kinder- und Jugendhilfe
- Förderungen aus dem „Bildungs- und Teilhabe-Paket" durch den zuständigen Träger der Sozialhilfe für Kitaausflüge, Mittagessen
- Spezielle Angebote zur Sprachförderung, je nach landesgesetzlicher Regelung

Achtung

Besonders wichtig ist das Augenmerk auf die Unterstützung der Kinder und Familien, wenn mit dem Beginn des Kita-Besuches deutlich wird, dass eine Gefährdung der kindlichen Entwicklung durch eine geistige oder körperliche Behinderung oder durch eine drohende Behinderung erkennbar wird.

In der Regel müssten hier zunächst 15 Monate eines dauernden Aufenthaltes abgewartet werden – aber es ist sinnvoll, für die zu betreuenden Kinder dennoch sofort in Zusammenarbeit mit den Einrichtungen der Frühförderung und entsprechender (Amts-)ärzte eine Einzelfallprüfung anzustreben. In den Bundesländern gelten hierzu teils vereinfachte Verfahren, um eine schnelle Hilfe möglich zu machen.

Bei einer drohenden oder erkannten seelischen Behinderung ist eine Eingliederungshilfe unmittelbar zu beantragen. Gerade Kinder mit traumatischen Fluchterfahrungen sollten hier in den Fokus genommen werden – auch wenn und weil sich nicht jedes geflüchtete Kind auf den ersten Blick traumatisiert zeigt.

Die Familien mit Aufenthaltserlaubnis werden im Rahmen ihres Leistungsbezuges auch krankenversichert. Grundsätzlich erhalten sie damit in den ersten 15 Monaten ihres Aufenthaltes eine Grundleistung, die jeweils einzeln beim Sozialamt zu beantragen ist – es sei denn, die zuständige Kommune hat bereits eine Gesundheitskarte für Geflüchtete eingeführt. Diese funktioniert dann in gleicher Weise wie die Gesundheitskarte der Krankenkassen.

Die medizinischen Grundleistungen umfassen:
- Behandlung von akuten Erkrankungen und Schmerzzuständen
- Medizinisch notwendige Vorsorgeuntersuchungen sowie Leistungen bei Schwangerschaft und Geburt
- Schutzimpfungen
- Medizinisch notwendige Versorgung mit Arzneimitteln

Nach dem Ablauf dieser ersten 15 Monate erhalten die Geflüchteten mit Aufenthaltserlaubnis die gleichen Leistungen wie andere Transferleistungsbezieher und auch eine entsprechende elektronische Gesundheitskarte. Allerdings müssen sie sich ab diesem Zeitpunkt auch an den Kosten der Zuzahlungen bei Kassenleistungen beteiligen – in der Regel bis zu einem Gesamtbetrag von knapp unter 100 Euro pro Jahr.

2.3 Wer ist mein Ansprechpartner?

Für jedes Kind sind die ersten Ansprechpartner in der Erziehungspartnerschaft die personensorgeberechtigten Eltern.

Unbegleitete minderjährige Flüchtlingskinder

Wenn Kinder nicht gemeinsam mit personensorgeberechtigten Zuflucht in Deutschland finden, werden sie vom örtlichen Jugendamt betreut. Dieses klärt in eigener Verantwortung, wo und in welcher Form das Kind leben und welche Kita es besuchen soll. Es kann sein, dass das Kind in einer Pflege-/Gastfamilie oder in einer Einrichtung lebt. Grundsätzlich muss durch das Familiengericht ein Vormund bestellt werden. Dieser Vormund des unbegleiteten minderjährigen Flüchtlingskindes hat damit alle Rechte und Pflichten eines personensorgeberechtigten Elternteils gegenüber der Kita und ist damit auch der einzige rechtmäßige Ansprechpartner. Es kann auch sein, dass der Vormund anderen Personen eine Vollmacht ausgestellt hat, die diesen z. B. gestattet, „die Dinge des täglichen Lebens" zu regeln, „die Durchführung ärztlicher Maßnahmen und Verordnungen" vorzunehmen.

> **Tipp**
>
> Fragen Sie den Vormund bereits bei der Anmeldung des Kindes in Ihrer Kita nach etwaigen Vollmachten für Dritte und machen Sie sich eine Kopie für Ihre Unterlagen.

2.4 Gesundheit

Die gesundheitliche Entwicklung von Kindern ist nicht nur ein grundlegender Bildungsbereich, sondern oft auch ein herausforderndes Arbeitsfeld in der Erziehungspartnerschaft.
Inhaltlich befassen Sie sich in Ihrer Kindertageseinrichtung sinnvollerweise mit den folgenden drei Schwerpunkten im großen Themenbereich der Gesundheit:

1. Unterstützung bei der Entwicklung **gesundheitsrelevanter Verhaltensweisen**: Bewegung, Hygiene, Zahnvorsorge, Suchtprävention usw.
2. **Stärkung der Ressourcen und Kompetenzen** der Kinder und Familien: Stärkung familiärer Bindung, Beziehungsangebot, Entwicklung von Konfliktfähigkeit, Selbstbewusstsein, Wahrnehmung von Gefühlen, Motivation und Eigenverantwortung
3. **Gestaltung eines gesundheitsförderlichen Umfelds** in der Kita: Beachtung der Unfallverhütung, bewusster Umgang mit Nahrung, Raumgestaltung, Vermeidung von stressenden Faktoren

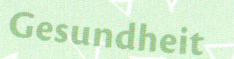

Medizinisches Grundlagenwissen im rechtlichen Kontext

Für die Kindertageseinrichtungen sind die relevanten rechtlichen Anforderungen erst 2016 erneut auf Bundesebene einheitlich mit dem Präventionsgesetz präzisiert worden. Grundsätzlich gilt, dass vor der Aufnahme eines Kindes in die Kita oder Tagespflege zwei Voraussetzungen zu erfüllen sind:

1. Für das Kind muss der Nachweis erbracht werden, dass eine altersgerechte ärztliche Vorsorgeuntersuchung stattgefunden hat.
2. Für das Kind und seine Eltern ist nachzuweisen, dass zeitnah zur Aufnahme eine Beratung zu einem ausreichenden Impfschutz stattgefunden hat.

Wichtig ist dabei, dass weder die vollständige „Gesundheit" des Kindes nachgewiesen werden muss – noch eine Verpflichtung besteht, bestimmte Impfungen durch den Arzt durchführen zu lassen. Es geht zunächst nur um den Nachweis der Vorsorgeuntersuchung und der Impfberatung. Der Nachweis kann auf sehr einfache Weise für beide Voraussetzungen erbracht werden: Entweder durch entsprechende ärztliche Bescheinigungen – oder durch die Vorlage des gelben „U-Heftes", in dem fortlaufend die U-Untersuchungen und die relevanten Impfberatungen als durchgeführt dokumentiert werden.

Seit September 2016 steht allen Ärzten verpflichtend ein neues Formular zur Verfügung, in dem zum einen im Detail die Untersuchung und Beratung dokumentiert wird, zum anderen eine Übersichtskarte enthalten ist, die rein formal die Durchführung der U-Untersuchung nachweist. Die Vorlage dieser Karte genügt als rechtlicher Nachweis der beiden Anforderungen.

Ein gelbes „U-Heft" erhält jedes Kind. Sollte es verlorengegangen sein, kann und wird der Arzt ein neues „U-Heft" ausgeben und dieses dann fortschreiben. In der Regel sollten Familien mit Fluchterfahrung bei der Erstuntersuchung in den Aufnahmeeinrichtungen ein solches Heft erhalten. Ist dies nicht der Fall, müssten sie – wie jede andere Familie ohne „U-Heft" auch – ein solches Heft bei ihrem Arzt oder Kinderarzt neu beginnen. Seit September 2016 sollen auch die Familien ein neues „U-Heft" zusätzlich erhalten, die bereits einige Untersuchungen in ihrem alten Heft eingetragen haben. Die Daten werden nicht übertragen. Das neue „U-Heft" ist ausführlicher gestaltet und umfasst alle Untersuchen bis zur U9, ab der U3 mit der obligatorischen Impfberatung.

Wichtiges Erzieherwissen

Für die weitere Betreuung der Kinder in der Kita gelten bundeseinheitlich die folgenden Standards:
- Die Kita ist nicht verantwortlich für die Durchführung von Impfungen bei Kindern.
- Die Kita ist nicht verantwortlich für die Nutzung der U-Untersuchungen.

Aber Achtung:
- Die Kita vertritt eine klare Haltung zu Schutzimpfungen und informiert auch aus eigenem Interesse über Vorteile und Nachteile dieser Impfungen.
- Die Kita hält die Regelungen des Infektionsschutzgesetzes ein und betreut Kinder mit ansteckenden Krankheiten nicht in der Gemeinschaftseinrichtung.
- Die Kita verlangt zur Wiederaufnahme der Betreuung nach einer ansteckenden Krankheit einen entsprechenden Nachweis, dass das Kind von Ansteckung frei ist – oder eine schriftliche Erklärung der Eltern, dass sie die Behandlungsanweisungen des Arztes befolgt haben.

3 Interkulturelle Kompetenz und Pädagogik

Von Hamida Hadj-Mustafa

Mit dem Zuzug von Kindern und ihren Familien mit Fluchterfahrung rückt auch deren Kultur mit ihren eigenen Werten und Normen in den Fokus Ihrer Kita. Damit Sie als ErzieherIn Verständnis für die kulturellen Unterschiede entwickeln, benötigen Sie interkulturelle Schlüsselkompetenzen.

Was sind interkulturelle Kompetenzen?

Allgemein beschreibt der Begriff *interkulturelle Kompetenz* die Fähigkeit, den Menschen aus verschiedenen soziokulturellen Kontexten und Kulturen vorurteilsfrei zu begegnen, reflektiert zu handeln und sich das Wissen um die kulturell unterschiedlich geprägten Identitäten und der eigenen Identität stets bewusst zu machen. Für den Kita-Alltag benötigen Sie ganz entscheidende Schlüsselkompetenzen, mit denen Sie sich flexibel und selbstsicher in Ihrem Umfeld bewegen können.

Bestandteile interkultureller Kompetenzen

- **Kommunikation** → Was höre/sehe ich? Wie reagiere ich?
- **Wahrnehmung** → Was nehme ich vom anderen wahr?
- **Selbstreflexion** → Wie sieht mein Selbstbild mit meinen Stärken und Schwächen aus?
- **Amibiguitätstoleranz** → Wie gehe ich mit Unklarheiten, Widersprüchlichkeiten und Mehrdeutigkeiten um?
- **Perspektivenwechsel** → Wie versetze ich mich in die Rolle und Position des anderen?
- **Empathie** → Wie verstehe ich den Menschen, seine Gefühle und Denkweisen, ohne diese unbedingt teilen zu müssen?
- **Interkulturelles Hintergrundwissen und länderspezifische Kenntnisse** → Welches Wissen über globale Zusammenhänge (Globalisierung, Kriege, Flucht, Migration usw.) und deren Auswirkungen, über verschiedene Weltanschauungen, über Lebensbedingungen von Menschen mit Migrationserfahrung muss ich parat haben? Über welche länderspezifischen Kenntnisse wie Begrüßungsrituale, Kommunikationsstile, Geschichte usw. muss ich verfügen?

Diese Kompetenzbereiche sind nicht immer und in jeder Situation abrufbar, sondern erfordern von Ihnen ein lebenslanges Lernen: Stellen Sie Ihre kulturellen Standards immer wieder auf den Prüfstand, reflektieren und korrigieren Sie möglicherweise festgefahrene Haltungen und Einstellungen!

Werte und Normen

Interkulturelle Pädagogik

Die interkulturelle Pädagogik hat das Ziel, dass Bedürfnisse, Gewohnheiten, Traditionen und Rituale, Normen und Werte einheimischer sowie zugewanderter Familien durchgängig in der alltäglichen und ganzheitlichen Erziehung in den Kitas beachtet und respektiert werden. Kurzum: Interkulturelle Pädagogik heißt, die Lebenswelten aller Kinder und ihrer Familien in den Mittelpunkt der pädagogischen Arbeit zu stellen.

3.1 Werte und Normen

Werte und Normen leiten und prägen unser Leben. Sie sind feste, häufig unbewusste Bestandteile unserer individuellen Landkarte, nach der wir unser Denken, Bewerten und Handeln ausrichten.

Gut zu wissen: Unsere Werte – Orientierungslinien

- Werte sind individuell, kulturspezifisch, tief in uns verankert und leiten unsere Handlungen (bewusst oder unbewusst).
- Individuelle Werte und Wertehierarchien sind diskutier- aber nicht verhandelbar.
- Unterschiedliche Wertehierarchien führen zu unterschiedlichen Verhaltensweisen, sie enthalten dadurch aber manchmal auch Konfliktpotenzial.
- Reflektieren des eigenen Wertesystems hilft, die anderen besser zu verstehen.
- Interkulturelles Handeln hilft, Konfliktsituationen zu entschärfen und Kommunikationsbrücken aufzubauen.

Wie wir andere Menschen sehen, hängt von vielen Faktoren ab, z. B. vom Aussehen, von der Kleidung, Sprache, Gestik, Mimik, Körperhaltung ...

Die kulturelle Brille

Wir sehen unsere Umwelt, die Mitmenschen und uns selbst durch die Brille unserer eigenen kulturellen Prägung. Diese „kulturelle Brille" benutzen auch Kinder und ihre Familien mit Migrationshintergrund.

Unsere kulturelle Brille: Was sehe ich, was sehen die anderen? Hierzu ein Video als Einstieg: Die Rassistenbrille/https://www.youtube.com/watch?v=cKJO06CYxdA

Praxisbeispiel: Abholzeit im Kindergarten

Es ist Dienstschluss in der Kita. Alle Kinder sind nach und nach abgeholt worden. Nur Nazike ist noch da. Die Kolleginnen verabschieden sich und Frau Müller, die Leitung der Einrichtung, wartet noch darauf, dass Nazike abgeholt wird. Je mehr Zeit vergeht, desto ärgerlicher wird sie. Sie hat Familie zu Hause und muss noch einkaufen gehen. Es ist 18:00 Uhr, als Nazikes Mutter eintrifft. Frau Müller macht ihr Vorhaltungen wegen des Zuspätkommens und Nazikes Mutter ist erstaunt. „Aber ich habe doch noch eine Freundin in der Stadt getroffen", sagt sie. Frau Müller ist sprachlos, schiebt ihr ohne eine weitere Antwort Nazike entgegen und schließt die Tür ab. In diesem Beispiel folgten beide Frauen ihren eigenen Kulturstandards, dennoch entstand daraus ein Missverständnis. Der Knackpunkt ist in diesem Fall der unterschiedliche Umgang mit der Zeit. Nazikes Mutter folgte dem Standard ihrer polychronen Kultur, in dem es bedeutet, in mehreren Aufgaben zur selben Zeit zu sein. Menschen aus polychronen Kulturen sind offen für ihre Mitmenschen, es werden immer mehrere Dinge zur selben Zeit erledigt. Unsere Kitaleitung, Frau Müller in unserem Beispiel, hält sich dagegen streng an Pläne. Sie sieht die Zeit in Abschnitte eingeteilt. Bei ihr ist Zeit ein kostbares Gut, das verloren, gewonnen, gespart oder ausgegeben werden kann.

Lösungsansatz zum unterschiedlichen Zeitverständnis

- Kommunizieren Sie im Vorfeld klare und verbindliche Abholzeiten.
- Bei Nichteinhaltung der Abholzeiten versuchen Sie zunächst einmal zu klären, ob bestimmte Gründe dafür im persönlichen Umfeld der Familie liegen.
- Besprechen Sie mit dem Abholer, ob es Situationen im Alltag gibt, die ihn daran hindern, Termine oder Absprachen einzuhalten. Dadurch zeigen Sie Einfühlungsvermögen und gehen auf die individuelle Lebenssituation der Familie ein.
- Räumen Sie dem Abholer die Möglichkeit ein, mehrere Personen zu beauftragen, sein Kind aus der Kita abzuholen. So nehmen Sie Druck aus der Bring- und Abholsituation heraus, der Abholer kann andere Personen zum Abholen ansprechen.
- Vermitteln Sie klar und deutlich, dass in Notfällen (Unfall auf dem Abholweg, Verkehrsstau usw.) die Einrichtung rechtzeitig informiert werden muss, damit sich das Kita-Personal darauf einstellen kann.

Gut zu wissen: Kulturstandards

Alle Arten des Wahrnehmens, Denkens, Wertens und Handels, die von einer Mehrzahl der Mitglieder einer bestimmten Kultur für sich persönlich und andere als normal, selbstverständlich, typisch und verbindlich angesehen wird.
Die Perspektive der anderen: Deutsche sind ordnungsliebend, organisiert, systematisch, streng bürokratisch, fleißig, genau, pünktlich, haben wenig Humor, sind klar, ehrlich und direkt usw.

Ein Kulturstandard ist beispielsweise der Umgang mit Zeit.
- In **monochronen** Kulturen wird Zeit als lineare Achse wahrgenommen, es herrscht hohe Planungssicherheit, Zeitgenauigkeit ist wichtig.
- In **polychronen** Kulturen dagegen können mehrere Handlungsfelder gleichzeitig bearbeitet werden, der Umgang mit Zeit ist relativ und flexibel, Zeitgenauigkeit gibt es kaum.

Deutschland gehört, wie Sie sicherlich vermuten, zu den monochronen Ländern!

Ein weiterer Kulturstandard, der sich im Umfeld häufig wiederfindet, sind die Bedürfnisse nach **Autonomie** und **Verbundenheit**.

Werte und Normen

Welche Auswirkungen haben Kulturstandards auf meine Arbeit als ErzieherIn?

Ihre pädagogische Arbeitsweise muss sich der Lebenswelt der Kinder anpassen.
So haben Sie als ErzieherIn gelernt, entsprechende pädagogische Konzepte, die zu einer höchst individuellen und kindlichen **Eigeninitiative** führen, so anzuwenden, dass Kinder in ihrem Bestreben nach Autonomie gestärkt werden. Diese Arbeitsweise passt zur Lebenswelt der Kinder aus der westlichen Mittelschicht.
Den Wünschen und Bedürfnissen eines Kindes wird schon im Kleinkindalter eine besondere Bedeutung beigemessen. Typische Fragen von Eltern wie: „Möchtest du die grüne oder blaue Hose anziehen?" oder „Sollen wir nach der Kita einkaufen gehen?" bieten dem Kind eine Auswahlmöglichkeit und dienen dazu, bereits sehr früh ein Bewusstsein für die eigenen Vorlieben und Meinungen zu stärken.
Im Gegensatz dazu sind Kinder mit Fluchterfahrung häufig Kinder, die in einer Gesellschaft aufwachsen, die sich stark an der **Gemeinschaft** orientiert. Das Bedürfnis nach **Verbundenheit** bezieht sich auf das Streben nach Zusammengehörigkeit und sozialer Integration in das Gemeinschaftsgefüge.
So leben diese Kinder in großfamiliären Strukturen, in denen die Bedürfnisse der Gruppe über den individuellen Interessen des Einzelnen stehen. Eltern aus einem verbundheitsorientierten Umfeld ist es wichtiger, dass ihre Kinder Gehorsam und Achtung gegenüber der Familie und älteren Menschen zeigen, anstatt sie darin zu bestärken, ihren individuellen Bedürfnissen nachzugehen.
Vor diesem Hintergrund werden Sie sicherlich verstehen, dass es beim Zusammentreffen solcher ganz unterschiedlichen und vielfältigen Erziehungs- und Entwicklungsvorstellungen zwischen Ihnen als ErzieherIn und den Eltern zu Differenzen kommen kann.

Autonomieorientierte Kinder, die in einem Umfeld mit viel Raum zur Unabhängigkeit und Individualität aufwachsen, haben keine Probleme mit der Tagestruktur des Kita-Alltags. Aus einer Fülle an Angeboten und Projekten entscheiden diese Kinder selbstständig, welche Aktivitäten sie machen möchten. Kinder mit Migrationshintergrund, die eher aus dem gemeinschaftsorientierten Umfeld stammen, sind dagegen zunächst mit dem Bildungsangebot der Kita häufig überfordert, da ihnen die konkrete Anleitung/Anweisung fehlt, was sie tun sollen. So können sie oftmals nur schwer an Spielen und weiteren Aktionen teilhaben und reagieren stattdessen mit Rückzug oder störendem Verhalten. Beachten Sie, dass diese Kinder nicht zwangsläufig verhaltensauffällig und besonders förderbedürftig sind. Die gezeigten Reaktionen entspringen häufig ihrem kulturellen Hintergrund (Gehorsam gegenüber Autoritätspersonen, freie Auswahl an Bildungsangeboten).

Kollektivistisch geprägte Gesellschaften vs. individualistische Gesellschaften

Viele Kinder mit Fluchterfahrung kommen mit ihren Familien aus Ländern, die eher kollektivistisch geprägt sind. Dieses steht im großen Gegensatz zu unserer eher individualistisch geprägten Gesellschaft und der damit verbundenen Erziehung.
Damit Sie ein besseres Gefühl für manche Verhaltensweisen und Reaktionen von Menschen aus kollektivistischen Gesellschaften bekommen, haben wir für Sie eine Übersicht beider Gesellschaftsformen zusammengestellt.
In der kollektivistisch geprägten Gesellschaft steht die Gruppe als Gesamtheit im Vordergrund und diese ist wichtiger als die Selbstverwirklichung der einzelnen Gruppenmitglieder. Ein chinesisches Sprichwort beschreibt dieses: „Der Nagel, der herausragt, wird in das Brett gehämmert." Hiermit wird die unerwünschte Eigenentwicklung von Mitgliedern einer solchen Gesellschaft aufgezeigt.
In der folgenden Tabelle sind die wichtigsten Merkmale dieser beiden Wertesysteme einander gegenübergestellt.

Interkulturelle Kompetenz und Pädagogik

Individualistische Gesellschaft	Kollektivistische Gesellschaft
Jeder Mensch wächst heran, um sich in erster Linie um sich selbst und um seine direkte (Kern-)Familie zu sorgen.	Der Mensch wird nicht als Individuum geboren. Er wird in eine Familie, Großfamilie oder andere Gruppe hineingeboren. Diese Gruppe bietet ihm Schutz und fordert im Gegenzug Loyalität vom einzelnen Individuum.
Die Identität des Individuums liegt in der Person selbst.	Die Identität eines Menschen definiert sich durch die Zugehörigkeit des sozialen Netzwerks, dem man angehört.
Bei der Erziehung lernen Kinder, mit dem „Ich"-Begriff zu denken und zu handeln.	Bei der Erziehung lernen Kinder, mit dem „Wir"-Begriff zu denken und zu handeln.
Man darf offen seine Meinung sagen, wird aktiv hierzu erzogen und dies wird in der Regel auch von einem erwartet.	Harmonie ist eine wichtige Voraussetzung für das Zusammenleben in einer Gruppe, deshalb sollten Auseinandersetzungen vermieden werden.
Grenzverletzungen und Übertretungen von Rechten führen eher zu Schuldgefühlen und Verlust der Selbstachtung.	Übertretungen führen in der Konsequenz zu einer Beschämung und zu einem Gesichtsverlust für die einzelne Person, aber insbesondere auch für die ganze Gruppe.
Erziehungsziel: Entwicklung einer eigenen Persönlichkeit	Erziehungsziel: Integration an die vorgegebenen kulturellen und religiösen Rahmenbedingungen. Eine eigene Persönlichkeitsentwicklung ist hier eher nicht erwünscht oder überhaupt nicht notwendig.
Prioritäten: Die Aufgabe hat Vorrang vor einer Beziehung zu anderen Menschen.	Prioritäten: Die Beziehung innerhalb der Gruppe ist wichtiger als die Aufgabe.
Individuelle Interessen dominieren vor kollektiven Interessen.	Kollektive Interessen dominieren vor individuellen Interessen.
Jeder Mensch hat ein Recht auf Privatsphäre.	Das Privatleben wird von der Gruppe beherrscht. Privat- und Intimsphäre spielen eine untergeordnete Rolle.
Die Gesellschaft erwartet von jedem Mitglied der Gesellschaft eine eigene Meinung.	Die Gruppe erwartet, dass die durch die Gruppenzugehörigkeit vorbestimmte Meinung übernommen wird.
Eines der höchsten Ziele ist die Selbstverwirklichung jeden Individuums.	Eines der höchsten Ziele ist die Harmonie und der Konsens mit der Gesellschaft, von der der einzelne Mensch ein Teil ist.

Kollektivistisch vs. individualistisch geprägte Gesellschaften
(nach Kizilhan 2013; Oyserman/Coon/Kemmelmeier 2002)

Abholen leicht gemacht

Holen Sie Kinder mit Fluchterfahrung da ab, wo sie sind. So unterstützen Sie sie und geben ihnen Stabilität und Sicherheit im Kitaalltag. Wir haben Ihnen hierzu eine Checkliste zusammengestellt (s. Anhang, S. 85), die Ihnen dabei helfen kann.

3.2 Nonverbale Kommunikation

Die nonverbale Kommunikation spielt im interkulturellen Kontext eine besondere Rolle. Es gibt Verhaltensweisen, die Sie vielleicht nicht gleich einordnen können, mehr noch, häufig sofort bewerten und/oder als „falsch" ablehnen. Bei interkulturellen Begegnungen ist das Wissen um die **Kulturstandards**, an denen sich die Kinder und ihre Familien orientieren, besonders hilfreich. Neben dem Wissen sind auch folgende Fähigkeiten sehr wichtig: Einfühlungsvermögen, Verständnis, Empathie, Sympathie, Akzeptanz und Neugierde, sowie die Fähigkeit, Unterschiede zu erkennen. Diese sind die Grundlage und damit Voraussetzung zur **interkulturellen Kommunikation**.

Wichtige Punkte für den Umgang

- Vermeiden Sie den direkten Augenkontakt zu Anfang. Der direkte Augenkontakt wird in vielen arabischen Familien häufig als respektlos betrachtet. Kinder könnten dadurch eingeschüchtert werden und Eltern mit Ablehnung und Distanz reagieren. Die Vermeidung des Augenkontaktes und ein auf den Boden starren bei den eigenen Eltern oder höhergestellten Personen gilt dort als respektvoll, während dieses Verhalten bei uns eher als Signal von unangemessener Scheu oder Unehrlichkeit interpretiert wird.
- Beachten Sie, dass die linke Hand häufig als „unrein" gilt, weshalb die Begrüßung ausschließlich mit der rechten Hand erfolgen sollte. Dies sollten Sie als LinkshänderIn bei der Begrüßung arabischer oder afrikanischer Eltern beachten.
- Die persönliche „Distanz-Zone" ist bei vielen Menschen aus dem afrikanischen und arabischen Raum viel kleiner als bei uns. Dadurch ergibt sich eine größere körperliche Nähe. Dies könnte für Sie im ersten Moment unangenehm erscheinen, auf keinen Fall sollten Sie dem aber allzu sehr ausweichen. Dadurch distanzieren Sie sich zu sehr. Versuchen Sie, sich aufeinander „zuzubewegen".
- Beachten Sie, dass lautes Sprechen als normal und angemessen empfunden wird.
- Alles in Ordnung (!) oder auch nicht: Die „Ring-Geste", also der zum Kreis geformte Zeigefinger und Daumen bei ausgestreckten Fingern, wird in Deutschland und Nordamerika zumeist als „alles okay", „bestens" verstanden. In vielen Teilen Südeuropas, Südamerikas, im Nahen Osten sowie in Russland hingegen sollte man dieses Handzeichen tunlichst vermeiden: Dort stellt sie eine üble Beschimpfung und sogar Drohung dar.
- Gleiches gilt für den aufwärtsgerichteten Daumen, der in Europa, den USA und Lateinamerika ebenfalls: „alles in Ordnung / ist okay" bedeutet, während er in einigen islamische Ländern als ein unanständiges Zeichen verstanden wird.
- Vorsicht bei Kopfbewegungen für „Ja" und „Nein": Das Kopfnicken wird von den meisten Ländern als bestätigendes „Ja" verstanden. Menschen aus Indien, Afghanistan oder Pakistan hingegen wiegen mit dem Kopf hin und her, um „ja" zu sagen. In Äthiopien und Eritrea beispielsweise wirft man den Kopf sogar zurück, um eine Frage zu bejahen. Die gleiche Geste, das Zurückwerfen des Kopfes, bedeutet andernorts aber genau das Gegenteil: In arabischen Ländern, in der Türkei, in Griechenland und in Süditalien sagt man auf diese Weise „nein".

Tipp

Wir empfehlen Ihnen, wenn Sie unsicher sind und/oder Fragen zu einem bestimmten Verhalten oder einer Geste Ihres Gegenübers haben, fragen Sie! Lassen Sie sich das jeweilige Verhalten erklären. Viele Menschen freuen sich darüber, wenn Sie Interesse an ihnen und ihrer Kultur zeigen und sehen dies eher nicht als negativ an.

3.3 Netzwerkaufbau – Kooperation nutzen

Die Zusammenarbeit mit regionalen Betrieben, Kirchen, Vereinen, Stadtteilinitiativen und anderen Einrichtungen kann ein wichtiger Bestandteil Ihrer pädagogischen Arbeit sein.

Jung und Alt lernen im ständigen Austausch miteinander und voneinander, es stärkt die Bindung und vermittelt das Gefühl, Teil eines Ganzen zu sein.

Die Notwendigkeit, nicht nur Kinder, sondern auch das Umfeld der Kita im Blick zu haben, wird an vielen Stellen betont. Ohne Kooperationspartner vor Ort, ohne gelingende Vernetzungsstrukturen und ohne Miteinbeziehung der Möglichkeiten und Herausforderungen im Umfeld der Kita, ist der Bildungs-, Betreuungs- und Erziehungsauftrag nur noch bedingt zu erfüllen.

Vernetzung

Vernetzung bedeutet zunächst, Kenntnisse über mögliche Beteiligte (z. B. deren Aufgabe, Profil, Arbeitsweise) zu gewinnen und dann persönliche Beziehungen herzustellen, die im Interesse von allen Partnern stehen. Es besteht danach die Möglichkeit, Kooperationen aufzubauen und so gemeinsame Ideen und Vorhaben zu entwickeln. Ziel ist es, vielfältige Angebote gemeinsam bzw. abgestimmt mit Einrichtungen, Organisationen und Vereinen durchzuführen.

Ein kurzer Leitfaden zum Aufbau von Kooperationsverbünden und Netzwerken

1. **Bedarfsermittlung:** Machen Sie die zentralen Kooperationspartner nach deren Relevanz für die Eltern und Familien und der Arbeit der Kindertagesstätte ausfindig und knüpfen Sie erste Kontakte. Dabei sollten Sie nach Möglichkeit Stadtteilgremien und Arbeitskreise als Ausgangspunkt für die Vernetzung in den Sozialraum nutzen.
2. **Auswertung:** Ermitteln Sie die erste gemeinsame Schnittmenge. Klären Sie Anknüpfungspunkte für die Zusammenarbeit im Hinblick auf die Bedarfe der Familien. Klären Sie die Rahmenbedingungen, Grenzen und Möglichkeiten der Zusammenarbeit.
3. **Vernetzung im Sozialraum:** Stellen Sie konkrete Pläne auf und nutzen Sie Netzwerke und Kooperationen aktiv.

Niederschwellige Angebote

Familien mit Migrations- und Fluchterfahrung sind vielfach aufgrund von möglichen sprachlichen, räumlichen und finanziellen Barrieren auf niedrigschwellige Angebote Ihrer Kita angewiesen. Hierbei spielen Sie als pädagogische Fachkraft und kulturelle Vermittlerin eine ganz wichtige Rolle, denn Sie können:

- Als ausgewählte Kollegin aus dem Kita-Team als „Länder- und Kulturbeauftragte" fungieren, die bei allen Vorhaben im Kindergartenalltag die Belange der Flüchtlingskinder vertritt.
- Teilhabe vermitteln, z. B. Teilnahme am Angebot von Sport- und Musikvereinen, an kirchlicher Kinder- und Jugendarbeit.
- Familien über die Unterstützungsmöglichkeiten des sozialen Netzwerks informieren (Frühe Hilfen, Kinderärzte, Logopäden, Jugendamt usw.).
- Kontakt zu Arbeitskreisen zum Thema Asyl und/oder Flüchtlinge vor Ort herstellen.
- Migrantenverbände zu gemeinsamen Veranstaltungen von Elternabenden, Festen usw. einbinden und einladen.

Netzwerkaufbau – Kooperation nutzen

Zusammenarbeit mit Migrantenorganisationen

Binden Sie Migrantenorganisationen als wichtige Partner Ihrer Kita mit ein. Diese sind wichtige Informationsträger und mit ihrer Expertise können sie Einrichtungen beispielsweise bei der Konzeption und Durchführung von Elternbildungsangeboten oder beim Aufbau einer mehrsprachigen Bibliothek unterstützen. Die Kita wiederum kann Räume zur Verfügung stellen, damit der Verband z. B. Sprachkurse für Eltern anbietet. Es können gemeinsame Aktivitäten (Feste, Familienwochenenden) geplant und umgesetzt werden. Denkbar ist auch, dass die Kita die Verbände bei der Konzeption ihrer pädagogischen Angebote wie der Hausaufgabenbetreuung unterstützt.

Eltern mit Fluchterfahrung als hilfreiche Partner

Nicht nur Sie als pädagogische Fachkraft, sondern auch Eltern können bei der Einbeziehung in den Sozialraum als wichtige Vermittler fungieren. Sie helfen bei der Umsetzung von Projekten, Aktionen und Angeboten, wie z. B.:

- Die Besichtigung und Führung durch Kirchen, Synagogen, Moscheen oder Tempel organisieren
- Kindern ein Handwerk präsentieren, z. B. Backen von Fladenbrot oder Bauernbrot
- Internationale Kochtage gestalten: Eltern kochen mit den Kindern landestypische Spezialitäten
- Räumlichkeiten zur Verfügung stellen zur Sprachförderung, Basare oder Treffen von Eltern-/Eltern-Kind-Gruppen
- Internationale Spieltage organisieren: Präsentation und Durchführung von Spielen aus aller Welt
- Aktiv bei der Planung und Gestaltung internationaler Feste helfen, z. B. dem nach der Fastenzeit (Ramadan) folgenden Seker Bayrami / Id Al Fitr (Zuckerfest) oder dem Weihnachtsfest

Achtung

Interkulturelle Wochen und multikulturelle Feste können sehr bereichernd sein und idealerweise sogar zu mehr Interesse und gegenseitiger Toleranz beitragen. Allerdings wird bei solchen Aktivitäten ein „touristischer" Ansatz verfolgt, der diese Form der Vermittlung als „Exotisches" zur Schau stellt. Wichtig ist daher, dass Sie sich in Ihrem Team kritisch darüber auseinandersetzen.

Fragen könnten sein
- Was verfolge ich mit der Ausrichtung eines solchen Festes?
- Wie kann ich das Fest so organisieren, dass sich alle Familien willkommen und wertgeschätzt fühlen?

Zeigen Sie den Familien die Gastfreundlichkeit und gelebte Willkommenskultur Ihrer Kita! Häufig sind es für Sie scheinbar ganz beiläufige Dinge, denen Ihr Gegenüber aber einen sehr hohen Wert beimisst. Wir haben Ihnen hier einige Beispiele aufgeführt:

Smalltalk Reden Sie über das Wetter, tauschen Sie Rezeptideen aus, fragen Sie nach den traditionellen Trachten und Gebräuchen der Familien usw.
Suchen Sie nach Gemeinsamkeiten und gehen Sie verstärkt darauf ein. Vermeiden Sie hierbei allerdings heikle Themen wie Politik oder konfrontative Fragen zur Kultur und Religion.
Falls Eltern kein Deutsch sprechen oder nur schlecht verstehen, holen Sie sich Hilfe von ehrenamtlichen Übersetzern, Freunden, Bekannten oder Familienangehörigen, die bereits länger in Deutschland leben.

Begrüßung in der eigenen Sprache Studieren Sie einige Worte aus den jeweiligen Sprachen ein, die in Ihrer Kita gesprochen werden. Keine Sorge, Ihre Aussprache muss nicht hundertprozentig stimmen. Sie werden merken, dass Sie hierdurch die volle Aufmerksamkeit und Anerkennung der Eltern und deren Kinder erhalten. Sie zeigen ihnen so, dass Sie sich mit ihrer Sprache auseinandersetzen und diese auch anwenden.

Ein praktisches Instrument zur Ermittlung der Bedarfe im Sozialraum stellt die **Stadtteilteilbegehung** dar. Möglich sind auch **Audio-Aufnahmen** während der Stadtteilbegehung, um die unterschiedlichen Geräusche und Laute aufzunehmen. Durch diese Art der Sozialraumerforschung schaffen Sie den Kindern den nötigen Platz für eine regelrechte „Bildungsexplosion". Ein Raum für Sprach- und Denkanlässe wird geschaffen (Kinder reden z. B. über die Baustelle neben ihrer Kita, drücken ihre Gefühle über den Baulärm aus, überlegen, ob sie als Gruppe etwas unternehmen können usw.), Kinder nehmen ihre Umwelt wahr, möchten ein aktiver Teil des Sozialraumes sein.

Praxis-Beispiel: Stadtteilbegehung mit den Kindern

*Kinder erleben ihren Sozialraum mit anderen Augen. Sie achten auf Gegenstände, Örtlichkeiten, Personen, die uns Erwachsene beim täglichen Gang durch unseren Stadtraum kaum auffallen. Lassen Sie die Kinder eine **subjektive Landkarte** malen oder skizzieren. Das können Menschen, Gebäude, Objekte oder Orte aus dem Lebensraum der Kinder sein. Jede Landkarte ist ein Stück Biografie und Identität. Sie werden überrascht sein, wie individuell und differenziert die Ergebnisse der einzelnen Kinder ausfallen.*

*Ist die Karte erst einmal gezeichnet, können Sie die Kinder zu einem **Spaziergang durch den Stadtteil**, in dem sich auch die Kita und der Wohnort der Kinder befinden, mitnehmen. Lassen Sie die Kinder ihre Entdeckungen **fotografieren**. Dadurch erleben sie eine intensive Auseinandersetzung mit ihrer Lebenswelt (Der Bäcker an der Ecke, bei dem die Brötchen für das Frühstück eingekauft werden, der türkische Obsthändler, bei dem täglich eingekauft wird, der Supermarkt neben der Bank, in dem die Mutter oft ihre Freundin zum Plaudern trifft, der Spielplatz, auf dem die Kinder mit anderen Kindern aus der Kita-Gruppe spielen usw.).*

3.4 Rund ums Essen – Esskulturen in der Kita

Die Butterbrotdosen der Kinder sind ganz unterschiedlich gefüllt. Von Süßigkeiten, Stullen und Schokocroissants bis hin zu gefülltem Fladenbrot, Mini-Reisgerichten und Pizza: Das Essen repräsentiert zu einem großen Teil die (Ess-)Kultur der Kinder und Familien.

Beispiele unterschiedlichster Essenskulturen rund um den Globus

- *Die Menschen in Indien und in den ostasiatischen Ländern essen Nahrungsmittel wie Reis und Hirse mit der Hand.*
- *Im arabischen Kulturraum setzt man sich im Schneidersitz auf den Boden, so dass sich um die gedeckte Tischmatte mehr Menschen hinsetzen und am Essen teilhaben können.*
- *In China ist es üblich, mit einem lauten Rülpser zu zeigen, dass es geschmeckt hat.*
- *Ohne Besteck und mit der rechten Hand wird luftiges Fladenbrot zusammen mit einem Eintopf aus Tomaten und Fleisch in Eritrea gegessen. Dabei gilt es als unschicklich, die Lippen mit den Fingern zu berühren oder diese gar abzulecken. Ganz tabu ist das Essen mit der linken Hand, da diese als unrein gilt.*

Im Hinblick auf die verschiedenen Essgewohnheiten, Vorlieben und religiösen Vorschriften können internationale Gerichte ein wichtiges Thema für die Gestaltung von Mahlzeiten in der Kita sein. Thematisieren Sie in Ihrer Kita die **unterschiedlichen Esskulturen**. Dabei sollten Sie die religiösen Vorschriften respektieren, **kulturelle Standards** berücksichtigen sowie wiederkehrende Rituale und klare Regeln schaffen.
Wenn Kinder mit neuen Anregungen und Forderungen an das Essen nach Hause kommen, kann dies in der Familie möglicherweise Verunsicherung auslösen und zu Nachfragen oder Irritationen führen. Wichtig ist hierbei, dass Sie als PädagogIn die Eltern nicht überfordern, sondern deren Vertrauen gewinnen.

Ziel sollte es sein, vorhandene **Ernährungsweisen** gesund zu gestalten und diese ggf. um neue Essgewohnheiten zu erweitern.

Tipps zur Einbindung der kulinarischen Vielfalt in den Kita-Alltag

- Seien Sie neugierig auf Sitten, Bräuche und Rezepte anderer Regionen und Kulturen. Erkundigen Sie sich, loben Sie gute Ansätze für gesunde Ernährung, z. B. den hohen Gemüseanteil der türkischen und arabischen Küche, oder die Tatsache, dass alles selbst zubereitet wird.
- Geben Sie den Kindern und ihren Eltern genügend Raum und Möglichkeiten zur Entfaltung ihrer Lebenswelt, um ihr Essen und Trinken darzustellen. Anlässe könnten sein: Geburtstag eines Kindes, ein Kochkurs, ein internationales Kita-Fest, die Feier eines religiösen Festes.
- Laden Sie Eltern ein, die Gerichte in der Kita zuzubereiten und gemeinsam zu essen. In einer solch lockeren Atmosphäre geben Eltern gern weitere und tiefergehende Einblicke, nicht nur in die jeweilige Essenskultur. Hierbei entwickeln sich häufig ganz zwanglose Gespräche und Kontakte.
- Als besonderes „Bonbon" können von den einzelnen Gerichten Fotos gemacht und die Rezepte notiert werden, so dass Eltern das entstandene Rezepte-Büchlein mitnehmen können.

Mit einer **aktiven Einbindung aller Eltern und Kinder** erreichen Sie, wie Sie wissen, meist die größten Erfolge, denn beim gemeinschaftlichen „Tun" öffnen sich viele Menschen und haben beim praktischen Arbeiten den besten Lernerfolg und auch oft den größten Spaß. Nutzen Sie daher unbedingt solche Anlässe zum Anstoß von Bildungs- und Lernprozessen. Hier noch einige schöne Praxisbeispiele, die das Kita-Jahr etwas abwechslungsreicher machen können.

Interkulturelle Kompetenz und Pädagogik

Praxis-Beispiele: Interkulturelles Essen

- **Mit Stäbchen essen** → Kinder setzen dabei ihre Sinne ein: Schmecken und Riechen durch Nahrungsaufnahme, Einüben und Koordinieren der feinen Bewegungen mit den Stäbchen. Die Kinder empfinden es als Genuss und Erfolg, mit den Stäbchen das Essen in den Mund gelegt zu haben.
- **Im Schneidersitz auf dem Fußboden essen** → Kinder nehmen dabei eine andere Körperhaltung ein. Es sind keine Tische oder Stühle vorhanden, im Kreis ist eine Tischdecke mit Essen ausgebreitet.
- **Mit den Fingern essen** → Viele Lebensmittel laden dazu ein, sie mit den Händen zu essen: Gekochter Reis, Fladenbrot, welches in halbflüssige Speisen eingetunkt wird usw.

Die Kinder erfahren durch den direkten Kontakt mit der Nahrung ein feineres Gefühl für Beschaffenheit und Menge der ausgesuchten Nahrung.

Damit sich das Kennenlernen ausländischer Spezialitäten und Gerichte nicht nur auf das Zeigen und Erklären beschränkt, brauchen Kinder noch weitere Anregungen.

Beispiel

Murat (5 Jahre) hat den Kindern etwas Gebäck, sogenannte Baklava, mitgebracht. Die Kinder kosten gerne von der Baklava, die wie Spritzkuchen mit Honig schmeckt:

Fragen Sie die Kinder in Ihrer Gruppe:
- *Wem schmeckt die Baklava gut?*
- *Weshalb schmeckt euch die Baklava so gut?*
- *Wisst ihr, aus welchen Zutaten sie besteht?*
- *Kennt ihr etwas, das so ähnlich schmeckt?*
- *Gibt es das auch bei euch in der Nähe, im Geschäft?*

Greifen Sie solche alltäglichen Situationen auf und nutzen Sie diese für weitere Lern- und Bildungserfahrungen der Kinder.

Kompetenzen Ihres Kita-Teams

Möglicherweise fühlen Sie sich für die Arbeit mit Kindern mit Fluchterfahrung und den damit verbundenen Herausforderungen noch (gar) nicht vorbereitet oder schlichtweg überfordert.
Wir möchten Sie ermutigen, diesen Gedanken einmal beiseite zu schieben und sich Ihr gesamtes Kita-Team mit den Fähigkeiten und Fertigkeiten jedes Einzelnen einmal genauer anzuschauen. Sie werden mit Sicherheit überrascht sein, was Sie als Team für einen großen Pool an Wissen und Erfahrung mitbringen. Vielleicht nutzen Sie hierzu unser Arbeitsblatt (s. Anhang, S. 86), das sie vielleicht in einer der nächsten Teamsitzungen einmal gemeinsam ausfüllen.

3.5 Weitere praktische Tipps

Feste und Feiertage sind Rituale, die im Jahresablauf immer wiederkehren. Das Feiern von Festen, die sich über das ganze Jahr verteilen, wie z. B. Karneval, Ostern, Sommerfest oder Advent vermittelt Kindern ein Gefühl von Zeit und Rhythmus. Dies gilt genauso für Feste und Feiertage anderer Kulturen. Es gibt ganz unterschiedliche interreligiöse und interkulturelle Feiertage. Wir haben Ihnen hier drei Links zu unterschiedlichen Kalendern ausgesucht.

- https://www.bamf.de/SharedDocs/Anlagen/DE/Downloads/Infothek/Sonstige/interkultureller-kalender-2017_pdf.html
- https://www.berlin.de/lb/intmig/service/interkultureller-kalender/#kalenderdownload
- https://www.mais.nrw/interreligioeser-kalender

Weitere praktische Tipps

Das Begehen internationaler/-religiöser Feste und Feiertage

Wenn Sie in Zukunft in die Jahresplanung Ihres Kindergartenjahres zusätzlich auch internationale/-religiöse Feste und/oder Feiertage mitaufnehmen möchten, haben wir Ihnen hier einige Leitfragen zur Vorbereitung, Planung und Durchführung aufgelistet:

- Wie viele muslimische/jüdische/buddhistische usw. Kinder sind in der Gruppe?
- Was weiß ich als ErzieherIn über das Fest? Hintergrundwissen über das Fest aus der Übersicht, Literatur
- Elterninformation über Feste – gesamter Festüberblick in jeweiliger Sprache
    - Elterncafé
    - Einladung zum Elterncafé
    - Frage, ob Interesse und Einverständnis/Bereitschaft besteht, bestimmte religiöse Feste zu feiern
    - Abklären mit Eltern, ob diese helfen wollen bei: Dekoration, Vorbereitung von Essen/Trinken, Liedern/Tänzen/Gedichten/Spielen, Geschenke basteln
    - Zeit/Raum/Ort für Fest bestimmen

Was wissen die Kinder über das Fest?
- Sammeln und Aufbereiten von Informationen zum Fest
- Basteln von passender Dekoration usw.
- Nutzen eines Kamishibais (japanisches Tischtheater)

Einbeziehen von Eltern
- Einladung gestalten – Inhalte, den Kindern erklären und nahe bringen
- 1 bis 2 Tage vorher können Eltern, die sich bereit erklärt haben, mit den Kindern typische Gerichte backen/kochen, z. B. Baklava
- Mit Eltern kleine Geschenke basteln, die am Festtag an die Kinder verteilt werden
- Spiele, Lieder einüben, vorbereiten

Nachbereitung
- Mit den Kindern über das Fest sprechen – Hat es gefallen? Was hat gefallen?
- Beim Elterncafé mit den Eltern über das Fest reflektieren – Was lief richtig gut, was kann beim nächsten Mal noch mal eingebracht oder verändert werden?

Weitere Ideen für mehr Interkulturalität in der Kita
- Richten Sie eine mehrsprachige Bibliothek/Leseecke ein.
- Sprechen Sie mit den Kindern über die Bedeutung ihrer Namen.
- Lesen Sie Kinderbücher in ihren Erstsprachen vor: Die Kinder hören den Sprachklang der Wörter, sehen die Mundbewegungen bei der Aussprache, konzentrieren sich auf das Gehörte, nehmen andere bisher unbekannte Wortlaute wahr (vgl. auch Kapitel 7).
- Spielen Sie mehrsprachige Spiele mit den Kindern.
- Machen Sie Themenreihen zu den unterschiedlichen Heimatländern aller Kinder.

4 Elternarbeit

von Oliver Berg

Die Wertschätzung der Elternarbeit ist in den letzten 20 Jahren stetig gewachsen. Nur durch eine gute Kooperation mit den Eltern/Personensorgeberechtigten können Sie den Kindern ein stabiles und verlässliches Umfeld bieten, in dem sie sich möglichst kindgerecht entwickeln können. Dabei ist Elternarbeit im Alltag oft alles andere als eine „gut laufende Kooperation". Stress, Vorwürfe und Missverständnisse können zu Problemen führen, die nicht immer leicht zu lösen sind. Die Ansprüche der Eltern steigen stetig und leider gehören gegenseitige Vorwürfe häufig zur Tagesordnung.

Ein Beispiel zur Verdeutlichung: Die Mutter von Marvin hat zum Geburtstag ihres Sohnes Kuchen mitgebracht. Nachmittags beschwert sich eine andere Mutter: „Wieso hat mein Sohn Kuchen bekommen, das ist nicht gut für seine Zähne!"

Wenn dann auch noch Gesprächspartner aus unterschiedlichen Herkunftskulturen aufeinandertreffen, sind interkulturelle Missverständnisse häufig vorprogrammiert. Sprachliche Defizite können in der Abstimmung mit Eltern aus anderen Kulturen auch zusätzlich noch zu weiteren Frustrationen führen, wie dieses Beispiel zeigt: „Wir hatten Ihnen doch gesagt, dass die Kita heute wegen einer Fortbildung geschlossen ist."

Darüber hinaus vergleichen Eltern die Kita in der Regel mit ihrer Vorstellung der von ihnen selbst besuchten Einrichtungen in der eigenen Kindheit. Wenn Eltern in anderen Kulturen aufgewachsen sind, bestehen hier natürlich viel größere Unterschiede als bei Eltern der gleichen Kultur. Wenn es überhaupt ein Konzept der institutionalisierten Betreuung im Herkunftsland gab. „Bei uns war das anders. Wieso ist das hier so?"

So wird in etlichen anderen Kulturen, auch in Europa, ein höherer Wert auf die Frühförderung mathematischer und schriftlicher Kompetenzen gelegt, während in unserer Kultur durchaus spielerische Formen des Umgangs einen höheren Wert haben. Dies kann sich beispielsweise mit Äußerungen wie dieser bemerkbar machen: „Bei uns konnten die Kinder in dem Alter aber schon mehr."

Elternarbeit an sich ist also für Sie als ErzieherIn elementar. Kommen Eltern aus anderen Herkunftskulturen, stehen Sie als ErzieherIn teilweise vor ganz anderen Herausforderungen. Wertbilder, Erziehungsziele und Umgangsformen, die Ihnen selbstverständlich erscheinen, werden plötzlich in Frage gestellt. Diese Herausforderungen machen eine bewusste interkulturelle Elternarbeit erforderlich.

Wir streben dabei an, das gegenseitige Verständnis zu fördern, um dem Kind eine förderliche Entwicklung bieten zu können. Es ist dabei nicht ausgeschlossen, dass auch Sie davon lernen und profitieren können, Redewendungen anderer Sprachen zu verstehen, oder auch andere Sichtweisen auf unseren Alltag zu übernehmen. Wenn beispielsweise die afrikanische Mutter eines Kindes fragt: „Warum machen Sie sich diesen Stress?", verurteilen Sie dies nicht direkt, sondern überlegen Sie sich, ob sie nicht vielleicht auch etwas recht hat oder fragen Sie einmal nach, was sie an Ihrer Stelle machen würde.

Ziele der interkulturellen Elternarbeit

- Gegenseitiges Verständnis fördern
- Dem Kind eine förderliche Entwicklung bieten
- Voraussetzungen schaffen für die Erziehungsberatung in der elterlichen Umgebung
- Voneinander lernen

Welche Prinzipien stehen hierbei im Vordergrund?

4.1 Prinzipien der interkulturellen Elternarbeit

Wenn Sie eine Form der interkulturellen Elternarbeit in Ihrer Einrichtung etablieren wollen, sollten Sie die folgenden 6 Prinzipien beachten:

1. Toleranz
2. Neugier
3. Vielfalt fördern
4. Konzentration auf Gemeinsamkeiten
5. Überprüfung eigener Vorteile
6. Kommunikationsförderung

Zu 1: Seien Sie tolerant

Toleranz meint die Akzeptanz von Andersartigkeit. Wenn Sie auf Einstellungen treffen, die Ihnen fremd erscheinen, versuchen Sie, diesen nicht ablehnend gegenüber zu stehen, sondern seien Sie offen für ein Gespräch. Natürlich gibt es auch Grenzen der Toleranz. In einigen Kulturen ist es z. B. auch heute noch üblich, Kinder zu schlagen. Das tolerieren wir nicht, und das ist gut so. Bevor Sie jedoch darüber richten, sollten Sie sich klarmachen, dass dies auch bei uns in Deutschland bis in die 1960er-Jahre durchaus üblich war. Vergessen Sie nicht, dass diese Veränderungen auch bei uns viele Jahre gedauert haben.

Zu 2: Seien Sie neugierig

Häufig erwarten wir, dass sich Eltern aus anderen Kulturen anpassen und sind irritiert, wenn sie z. B. die deutsche Sprache nicht erlernen (wollen), obwohl sie doch nun hier leben. Verurteilen Sie nicht voreilig, sondern fragen Sie zunächst nach! – Und fragen Sie sich immer auch erst einmal selbst, wie offen Sie gegenüber anderen Kulturen sind. Unser Tipp: Seien Sie neugierig auf andere Kulturen!

Zu 3: Fördern Sie Vielfalt statt Anpassung

Neben Begrüßungsritualen in anderen Sprachen, Geschichten und Märchen aus anderen Ländern gibt es noch viele weitere schöne Möglichkeiten und Ideen, wie Sie die kulturelle Vielfalt auf spielerische Weise und so anschaulich wie möglich vermitteln können. Planen Sie doch einfach mal gemeinsam mit den Eltern ein arabisches Essen, einen Ausflug in einen chinesischen Garten oder studieren Sie einen afrikanischen Tanz gemeinsam mit den Kindern ein. Wann immer sich die Möglichkeit bietet, sollten Sie versuchen, alle Eltern in die Planung der Aktivitäten Ihrer Kita mit einzubeziehen und einzubinden. Sie werden merken, wie Sie und die Kinder dabei lernen. Ein weiterer sehr schöner Nebeneffekt ist hierbei, dass die Eltern der Kinder mit Fluchterfahrung eine Wertschätzung ihrer Kultur erfahren und dadurch ebenfalls „aufblühen" und das Gefühl haben, dass Sie herzlich aufgenommen werden.

Zu 4: Konzentrieren Sie sich auf Gemeinsamkeiten statt auf Unterschiede

Das, was „anders" ist, sticht eher ins Auge, als das, was „gleich" ist. Genauso wurde in der interkulturellen Forschung lange Jahre der Fokus auf Unterschiede gelegt, anstatt auf Gemeinsamkeiten. Auch die Eltern anderer Kulturen lieben ihre Kinder und möchten nur das Allerbeste für diese. Wenn Sie im Elterngespräch diese Gemeinsamkeiten hervorheben, schaffen Sie ganz leicht eine Beziehungsebene und verbessern die Kooperation mit den Eltern.

Zu 5: Überprüfen Sie Ihre eigenen Vorurteile

„Alle Engländer hassen Europa.", „Alle Türken sind …", „Alle …" usw. Was sind Ihre Klischees über andere Länder? Die Forschung belegt, dass die individuellen Unterschiede von Menschen im Allgemeinen größer sind, als die interkulturellen Unterschiede. Versuchen Sie, Menschen nicht in Schubladen zu stecken, sondern seien Sie wachsam. Sagt mir ein Vater, dass er russischer Herkunft ist, dann kann er immer noch jeden erdenklichen Charakter haben und jede erdenkliche politische Meinung. Genau wie bei uns.

Zu 6: Fördern Sie die Kommunikation

Je mehr Sie mit Eltern kommunizieren, desto besser wird die Kooperation. Dies ist ein ganz einfacher Zusammenhang und der gilt für alle Eltern! Für „internationale" Eltern ist jedes Gespräch mit Ihnen zudem ein gutes Sprachtraining. Und wenn auch manchmal vieles nur „mit Händen und Füßen" funktioniert, so ist es doch ein richtiger und wichtiger Schritt zur Einbeziehung der Eltern in die Erziehungspartnerschaft. Und je lockerer und leichter Sie solche Gespräche angehen und dabei nach Möglichkeit ein Lächeln auf den Lippen haben, desto leichter fällt es auch Ihrem Gegenüber, mit Ihnen zu kommunizieren.

Elternarbeit

Kommunikation in der Praxis

Probieren Sie dies doch gleich morgen früh einmal aus und wechseln Sie mit jedem „internationalen" Elternteil mindestens drei Sätze. Fragen Sie z. B. nach dem Weg zur Kita, ob sie und das Kind gut geschlafen haben oder erklären Sie, was Sie heute mit den Kindern geplant haben. Loben Sie ein schönes Kleidungsstück oder eine hübsche Frisur, Pünktlichkeit usw.

Wenn Sie morgens nicht für alle Elternteile Zeit haben, können Sie dies auch bei der Verabschiedung ausprobieren und z. B. jedem Elternteil eine schöne Begebenheit des Tages mit ihrem Kind auf den Nachhauseweg geben.

Auch wenn Sie auf Eltern treffen, die Ihnen wenig kommunikativ erscheinen, so sollten Sie sich hiervon nicht abschrecken lassen und schon gar nicht auf alle Eltern schließen. Der Grund dafür ist häufig Unsicherheit und/oder sprachliches Unvermögen. Denken Sie daran, dass Gespräche zwischen Tür und Angel in der Regel nicht für wichtige Themen geeignet sind. Tür- und Angelgespräche sind in der Regel nur für „Smalltalk" oder kurze Informationen geeignet, wie z. B.: „Heute war alles in Ordnung." Schaffen Sie nach Möglichkeit auch weitere informelle Kommunikationsgelegenheiten, wie z. B. ein Elterncafé.

Praxisbeispiel: „Elterncafé"

Das Angebot eines Elterncafés bietet neben anderen Events die Möglichkeit, sich näher kennenzulernen. Tee und Kaffee können gestellt werden, Kuchen kann in Backgruppen mit den Kindern oder von den Eltern vorbereitet werden.

Die Erfahrung zeigt, dass ein gemeinsames Kaffeetrinken insbesondere auch Eltern aus anderen Kulturen eine Möglichkeit bietet, ohne die sonst oft so präsenten sprachlichen Defizite mit Ihnen und den anderen Eltern etwas Zeit zu verbringen, sich zu „beschnuppern" und sich dabei auszutauschen.

Ein Beispiel

Eine Kollegin erzählte uns neulich von einer syrischen Mutter, die immer das Gefühl hatte, dass die ErzieherInnen ihr das Gefühl gegeben haben, dass Sie nichts richtig macht und dass ihr Kind nicht richtig erzogen ist. Zudem wusste sie gar nicht, was ihr Sohn Massoud im Kindergarten den ganzen Tag überhaupt machte und was der Besuch im Kindergarten überhaupt sollte. Im Rahmen des wöchentlichen Elterncafés, zu dem sie erst nach längerem und häufigem guten Zureden gehen konnte, konnte sie zum ersten Mal sehen, wie viel Freude ihr Sohn Massoud im Kindergarten hat, wie er mit den anderen Kindern spielt und wie gut sich die ErzieherInnen um ihn kümmerten. Während des gemeinsamen Teetrinkens unterhielten sie sich mit „Händen und Füßen" und die ErzieherInnen konnten auch zunehmend positive Rückmeldungen zur Entwicklung von Massoud geben und die Mutter loben. Hierdurch verbesserte sich der Kontakt zwischen den ErzieherInnen und der Mutter zusehends und der Umgang wurde immer besser. Ein besonderes Erlebnis war, als die Mutter ein besonderes syrisches Gebäck (dessen Namen übersetzt „nur ein Kuss" bedeutet) mitbrachte und von allen für ihre Backkunst gelobt wurde.

Viele Kitas bieten regelmäßig einmal pro Woche ein solches „kleines Elterncafé" an. Überlegen Sie einmal, ob Sie dies auch als feste Institution mit festen Zeiten anbieten möchten, z. B. jeden Mittwoch zwischen 15 und 17 Uhr.

Auch wenn Sie glauben, dass dies für Sie mit viel Aufwand verbunden ist, bedenken Sie, dass der Mehrwert in der Regel überwiegt. Es muss gar nicht mit so viel Aufwand einhergehen, meist reicht ein großer Tisch, mit ein paar Gläsern und Tassen.

4.2 Anwendung des SMART-Prinzips

Unter dem SMART-Prinzip (Doran, 1981) verstehen wir eine Zielsetzungstechnik, die dabei hilft, Ziele nachhaltiger zu formulieren. Dabei steht der Begriff SMART für folgende, wichtige Eigenschaften eines formulierten Ziels:

S	Spezifisch
M	Messbar
A	Akzeptiert
R	Realistisch
T	Terminiert

S: Spezifisch Wenn Sie ein Elterngespräch vereinbaren, sollten Sie vorher immer erst über Ihre Ziele des Gespräches nachdenken.
Wofür stehen diese Zieleigenschaften? So ist z. B. das Gesprächsziel: „Unsere Beziehung soll sich verbessern" zwar ein gutes Ziel, aber nicht sehr spezifisch. Sind Ziele unspezifisch formuliert, verlieren sie an Wirkungskraft. Schließlich sollten wir uns an diesem Ziel im Gespräch klar orientieren können, um die Kommunikation entsprechend steuern zu können.
Das Ziel: „Gemeinsam mit den Eltern möchte ich für deren Tochter eine Förderstrategie entwickeln" ist schon etwas spezifischer. Hier kann ich im Gespräch klar entscheiden, ob sich das Gespräch in diese Richtung entwickelt oder nicht.

M: Messbar Ein Ziel ist dann messbar, wenn später eine Zielerreichung klar festgestellt werden kann, wie z. B.: „Wir möchten Ihr Kind so eingewöhnen, dass es sich innerhalb von 7 Tagen morgens problemlos von Ihnen verabschieden kann." Nicht so gut messbar wäre dagegen das Ziel: „Das muss besser werden!"

A: Akzeptiert Ein Ziel ist dann gut akzeptiert, wenn die Chancen gut stehen, dass sich die andere Partei darauf einlassen kann. Das sollte einfach sein, wenn wir gemeinsame Interessen haben. Das Ziel: „Wir möchten mit den Gruppen ab 9 Uhr inhaltlich arbeiten und Störungen durch Verspätungen vermeiden" ist dagegen nicht allen Eltern sofort vermittelbar. Bei einer Elternantwort, wie z. B.: „Das kann Ihnen doch egal sein!" oder „Ist doch nicht so schlimm, er kommt doch nur durch die Tür in den Raum", gilt es, dass Sie das Konzept und die Ziele Ihrer Kita erklären, denn diese sind offenbar noch nicht verstanden worden. Eigentlich ist dies kein großer „Aufreger", es ist nur etwas Geduld Ihrerseits erforderlich. Wenn beide Seiten die vereinbarten Ziele akzeptieren, dann ziehen Sie gemeinsam an einem Strang.

R: Realistisch Sie sollten immer überprüfen, ob Ihre angestrebte Zielerreichung auch realistisch ist. Das hängt sehr stark vom Einzelfall ab. Sehr lebendige Kinder zu „braven" Regelspielen zu animieren, erscheint zumindest kurzfristig wenig realistisch. Eher in sich gekehrte Kinder zum sozialen Gruppenmittelpunkt weiterentwickeln zu wollen, erscheint ebenso wenig erfolgversprechend wie von einem Kind mit Fluchterfahrung, das erst seit 3 Wochen im Kindergarten ist und noch kein Deutsch spricht, in der Morgenrunde direkt einen eigenen Beitrag zu erwarten. Ein realistisches Ziel könnte sein, dass das Kind mit Fluchterfahrung zunächst einfach nur seinen Namen sagt und sich an die Morgenrunde gewöhnt.

T: Terminieren Wenn wir ein Ziel terminieren, setzen wir einen Zeithorizont fest, bis zu dem ein Ziel erreicht werden soll. Das Ganze macht natürlich nur dann Sinn, wenn dieses Ziel auch tatsächlich handlungsleitend und verbindlich für Ihre Gesprächspartner und Sie selbst ist. Achten Sie darauf, dass Sie realistische Termine setzen und nicht zu viel versprechen. Eine Äußerung wie: „Die Sprachprobleme bekommen wir in 4 Wochen in den Griff!" könnte und wird wahrscheinlich zu Enttäuschungen führen. Stattdessen ist die Sensibilisierung und Wertschätzung von erreichten Zwischenzielen ein hilfreicher Schritt.

4.3 Die 10 effektivsten Tipps für die richtige Gesprächsführung

Tipp 1: Zielorientierung

Überlegen Sie sich, warum Sie ein Elterngespräch wünschen, und was Sie realistischerweise erreichen wollen und können. Neben den inhaltlichen Hauptzielen gibt es auch immer Nebenziele, wie z. B. die Pflege einer guten Beziehung zu den Eltern.

Dies gilt übrigens auch, wenn Sie von den Eltern zu einem Spontangespräch gebeten werden. Sollten Sie gerade zwei Kinder im Arm haben und das Thema ist etwas umfangreicher, dann vereinbaren Sie einen Termin zu einem späteren Zeitpunkt, wenn Sie in Ruhe sprechen können.

Tipp 2: Empathisch sein

Insbesondere in interkulturellen Zusammenhängen ist Einfühlungsvermögen gefragt. Inwiefern erscheinen unsere Regeln den Eltern anderer Kulturen eventuell befremdlich? Und in der Tat wundern auch wir Deutschen uns manchmal, was bei uns alles „geregelt" ist.

Kommen internationale Eltern aus Krisengebieten, sind natürlich auch traumatische Erfahrungen bei Eltern und Kindern nicht selten. Auch wenn Sie nicht für die Therapie zuständig sind, sollten Sie doch sensibel für die biografischen Hintergründe sein und Überforderungen vermeiden.

Tipp 3: Eltern sind Partner

Die Einstellung zu den Eltern spielt eine ganz besondere Rolle. Insbesondere, wenn Sie Vorwürfe der Eltern befürchten oder selbst ein schwieriges Thema ansprechen möchten. Eltern merken in solchen Situationen sehr schnell, wenn Sie eine „gegnerische" Position beziehen und dies führt in den meisten Fällen eher zu einer Abwehrhaltung auf ihrer Seite.

Tipp 4: Stellen Sie Fragen

Wer fragt, der führt! Zudem sichern Sie so eine zweiseitige Kommunikation.

Je mehr Sie durch Ihre Fragen erfahren, desto passgenauer können Ihre möglichen Handlungsempfehlungen sein, die Sie den Eltern mit auf den Weg geben.

Vermeiden Sie Vorträge, die mit: „Was ich Ihnen schon immer mal sagen wollte ..." beginnen, damit verhindern Sie eher die Akzeptanz für Ihre Empfehlungen.

Fragen, die fast immer funktionieren:

- „Wie geht es Ihnen gerade?"
- „Wie geht es Ihnen mit Ihrem Kind?"
- „Wie läuft es mit Mohammad zu Hause?"
- „Was hat sich aus Ihrer Sicht verbessert?"
- „Ist es für Sie eine Entlastung, dass Ihr Kind vormittags im Kindergarten ist?"
- „Was wünschen Sie sich für Nesrin?"
- „Was sollte Baran Ihrer Meinung nach lernen oder können?"

Tipp 5: Aktives Zuhören

In allen Gesprächen ist es immer hilfreich, wenn Sie Fragen stellen, den Antworten auch aktiv zuzuhören. Was heißt das? Widmen Sie Ihrem Gesprächspartner Ihre ungeteilte Aufmerksamkeit und unterstützen Sie dies auch mit Ihrer Mimik und Gestik. So fühlt sich Ihr Gegenüber ernst genommen, wertgeschätzt und ist motiviert, Ihren Fragen zu antworten.

Gibt es Menschen, mit denen Sie sich gerne unterhalten, bei denen Sie das Gefühl haben, dass Sie Ihnen wirklich aufmerksam zuhören und auf deren Rat Sie gerne hören? Versuchen Sie doch einfach mal, in der nächsten Zeit genau darauf zu achten, was Ihr Gesprächspartner macht, damit

Die 10 effektivsten Tipps für die richtige Gesprächsführung

Ihnen ein Gespräch mit diesem Menschen so gut gefällt. Diese beobachteten Punkte können Sie bei einem Ihrer nächsten Elterngespräche selbst ausprobieren und anwenden. Sie werden merken, wie leicht dies ist und welche schönen Erfolge Sie damit erzielen können.

Tipp 6: Entspannte Rahmenbedingungen

Nehmen Sie sich immer ausreichend Zeit für ein Elterngespräch. Auch die Rahmenbedingungen sollten stimmen: Ihre GruppenkollegIn sollte in jedem Fall informiert sein, damit Sie nicht gestört werden. Ebenso kann ein ruhiges Zimmer sehr hilfreich sein.

Auch bei „schwierigen" Gesprächen können Sie eine gute Atmosphäre schaffen und beibehalten. Denken Sie daran, dass gerade Menschen mit Fluchterfahrung viele negative Vorerfahrungen in ihrem Herkunftsland oder auch auf der Flucht gemacht haben und häufig große Ängste und Unsicherheiten im Umgang mit Behörden und Institutionen entwickelt haben. Es ist wichtig, dass Sie besonders sensibel sind. Häufig reichen schon ganz kleine Gesten, wie das Anbieten von Getränken (hier reicht ein Glas Wasser), was in vielen Ländern zum Begrüßungsritual dazu gehört. Geben Sie Ihrem Gegenüber etwas Zeit, sich an das Umfeld und die Situation gewöhnen zu können. In anderen Kulturen gibt es ganz unterschiedliche Rituale zum Gesprächseinstieg, es ist z. B. üblich, dass man sich zunächst nach der Gesundheit und der Familie, besonders nach den Kindern erkundigt. Es ist häufig unhöflich bzw. unüblich, direkt das eigentliche Anliegen/Problem zu benennen. Fallen Sie also nicht direkt mit der Tür ins Haus, sondern fangen Sie mit leichten Small-Talk-Themen an, wie z. B.:

- „War der Bus pünktlich?"
- „Haben Sie sich schon ein wenig eingelebt?"
- „Haben Sie Kontakt zu anderen Eltern?"
- „Konnten Sie das Wetter am Wochenende genießen?"

In vielen Teilen der Welt ist es unüblich, ein möglicherweise heikles Thema direkt anzusprechen. Als ErzieherIn müssen Sie nicht Ihren eigenen Stil ändern, aber Sie sollten wissen, was anderswo der übliche Kommunikationsweg ist: der indirekte!

Hinzu kommt, dass Ihre zeitlichen Vorgaben und Kapazitäten in der Regel nur begrenzt sind. Halten Sie sich also nicht zu lange mit dem Small-Talk auf und gehen Sie irgendwann über in das eigentliche Elterngespräch. Auch wenn Ihnen dieses möglicherweise schwerfällt, im Zweifelsfall ist es für eine gute Elternarbeit sogar förderlich, wenn Sie kulturelle Unterschiede ansprechen, mitteilen oder erfragen.

Tipp 7: Ich-Botschaften anstelle von Vorwürfen verwenden

„Sie haben mich nicht verstanden!" ist eine Aussage, die einen Vorwurf beinhaltet. Außerdem provozieren Aussagen wie diese eher einen Widerspruch.

Verwenden Sie Ich-Botschaften, wie z. B.: „Ich habe mich schlecht ausgedrückt.", „Lassen Sie mich das Ganze noch mal mit einem Beispiel verdeutlichen."

Bleiben Sie bei sich und benennen Sie Ihre eigenen Gefühle: „Ich finde es schade, dass Ferhat am Nachmittag nicht mit anderen Kindern spielt.", „Ich würde mir wünschen, dass Gülcan mitturnen darf." usw. Solche Äußerungen werden von Ihrem Gegenüber weniger als Angriff empfunden und lassen ihm Spielraum für seine eigene Reaktion und damit auch genügend Diskussionsraum. Probieren Sie es einfach aus.

Tipp 8: Bleiben Sie offen für Anregungen

Meistens haben Sie Ideen und Empfehlungen für die Eltern und freuen sich, wenn einiges davon auch bei diesen ankommt.

Den Eltern geht es genauso wie Ihnen. Auch sie denken viel über die Kita nach und haben sicher auch den einen oder anderen Vorschlag. Wie reagieren Sie selbst, wenn Sie einen Vorschlag von einem Elternteil hören? Sind Sie ungeduldig? Denken Sie: „Jetzt kommt das schon wieder"?

Offen sein heißt, zunächst einmal das Positive an einem Vorschlag zu akzeptieren und wertzuschätzen, Ihre Antwort könnte beispielsweise lauten: „Stimmt, das ist ein wichtiges Thema." Dass bestimmte Dinge, z. B. aus Sicherheitsgründen aus Kita-Sicht anders betrachtet werden, können Sie dann immer noch erläutern.

Bleiben Sie selbstkritisch. Vielleicht gibt es irgendwo tatsächlich eine Kita, die den Eltern-Vorschlag erfolgreich umgesetzt hat.

Tipp 9: Erkennen Sie Chancen für weitere Kooperation

Eltern von Kindern mit Fluchterfahrung kommen oft gar nicht auf die Idee, dass sie über Kompetenzen verfügen, die für die Kita interessant sein könnten. Kooperationen ergeben sich klassischerweise schon bei hauswirtschaftlichen Dingen, wie z. B. der Essenszubereitung. Genauso können auch berufliche Hintergründe (z. B. spezielle handwerkliche Fähigkeiten) oder auch Hobbys der Eltern (Musikinstrument, Gärtnern) für Aktionstage interessant sein. Fragen Sie sich doch einfach mal, was Sie über die Eltern Ihrer Kitakinder wissen und forschen Sie gegebenenfalls nach. Bei internationalen Eltern können diese z. B. auch ihre Sprache, ihre Kultur oder eine landestypische Speise der Kindergruppe vorstellen. Insbesondere wenn bei den Eltern die berufliche Situation noch schwierig ist (fehlende Arbeitserlaubnis usw.), stärken solche Aktionen das Selbstwertgefühl dieser Eltern und die Kinder können stolz auf ihre Eltern sein. Eine echte Win-Win-Situation!

Tipp 10: Treffen Sie zum Ende hin eine Vereinbarung

Damit Sie ihre Gesprächsziele erreichen, sind Vereinbarungen zum Ende des Gesprächs elementar. Dies können Vereinbarungen für die Übergabe oder für Ersatzkleidung, eben die „kleinen Dinge" sein, oder auch mögliche Kooperationen, z. B. die Gruppe einmal beim Singen für eine Stunde mit der Gitarre zu begleiten.

Mit einer Vereinbarung schließen Sie gleichzeitig das Gespräch ab. Und beide Seiten haben das Gefühl, etwas erreicht zu haben.

4.4 Konfliktgespräche richtig führen

Elterngespräche können auch Konfliktgespräche sein. Nämlich dann, wenn sie unterschiedliche Positionen haben und dafür kämpfen. Natürlich sind auch Gefühle mit im Spiel, denn es geht ja schließlich um Kinder. Betrachten Sie ein Gespräch auch als Lernchance für Sie selbst. Mit der richtigen Vorbereitung geht es los. Bearbeiten Sie die Checkliste im Anhang (s. S. 87).

Mit dieser Checkliste sind Sie mit Sicherheit gut auf Ihr nächstes Elterngespräch vorbereitet und haben so schon den ersten wichtigen Schritt für einen guten Gesprächsverlauf gemeistert.

Gesprächsablauf

Wir haben Ihnen hier den idealen Ablauf eines Konfliktgespräches skizziert. Eine Ablaufstruktur gibt Ihnen Sicherheit im Gespräch und ist für ein lösungsorientiertes Vorgehen mit Sicherheit sehr hilfreich. Folgende Gesprächsphasen haben sich dabei in Konfliktsituationen als hilfreich erwiesen:

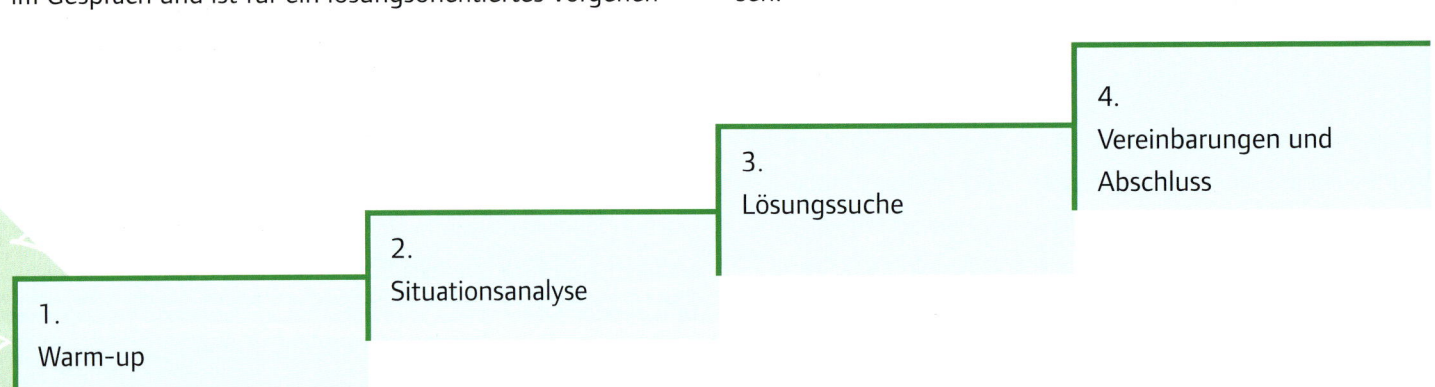

Abbildung 1: Ablauf Konfliktgespräch

Konfliktgespräche richtig führen

Zu 1.: Warm-Up
In der Warm-Up-Phase geht es zunächst einmal darum, eine gute Gesprächsbeziehung zu Ihrem Gegenüber aufzubauen. Scheinbar banale Fragen nach der Anreise oder Ähnliches können das Eis eventuell schon ein bisschen „schmelzen" lassen. Eine offene Körperhaltung und eine positive Mimik tragen ihr Übriges dazu bei. Übertreiben Sie dabei nicht und bleiben Sie authentisch.

Zu 2.: Situationsanalyse
Im Rahmen der dann folgenden Situationsanalyse geht es darum, zunächst einmal die Eltern zu Wort kommen zu lassen. Gute Fragen können hier z. B. sein: „Wie haben Sie die Situation vorgestern erlebt?" und dann: „Wie hat Ihr Kind reagiert?" usw.

Im Anschluss können Sie die Situation aus Ihrer eigenen Sicht beschreiben. Hier sind die oben beschriebenen Ich-Botschaften wichtig, denn auch Ihre Sicht ist nicht zwingend objektiv. Nutzen Sie daher Formulierungen, wie z. B.: „Mein Eindruck ist …", „Ich habe mich etwas erschrocken, als …", „Ich habe mich etwas geärgert, als …" Diese Formulierungen sind in Konfliktgesprächen Einstiegsmöglichkeiten, um die eigene Perspektive und die eigene Gefühlslage zu beschreiben, ohne dabei eine Vorwurfshaltung einzunehmen.

Jetzt ist der ideale Zeitpunkt, um gemeinsam nach Übereinstimmungen in der Situationsbeurteilung zu schauen und/oder unterschiedliche Auffassungen oder Wahrnehmungen ebenfalls zu benennen: „Ich bin beruhigt, dass wir einer Meinung sind, was … angeht.", „Über unsere unterschiedliche Wahrnehmung bei… können wir gleich noch einmal sprechen und nach gemeinsamen Lösungsmöglichkeiten hierzu schauen."

Zu 3.: Lösungssuche
In der Phase der Lösungssuche geht es ebenso zunächst darum, die Eltern zu Wort kommen zu lassen. Vielleicht entdecken Sie dabei sogar gemeinsame Ziele, Wege und Lösungsvorschläge dorthin. Dies finden Sie am besten mit folgenden Fragen heraus: „Was wünschen Sie sich von uns?" oder „Wie können wir Ihr Kind noch unterstützen?" sind Fragen, mit denen Sie die Eltern als gleichberechtigte Erziehungspartner ins Boot holen.

KANN- vs. MUSS-Regelungen
Unterscheiden Sie bei der Lösungssuche zwischen Wünschen und Forderungen. Bei Wünschen handelt es sich in der Regel um KANN-Regelungen, die nicht zwingend durchgesetzt werden können oder müssen. Hier eine Formulierungsmöglichkeit: „Es wäre schön, wenn Sie Ihr Kind schon ein paar Minuten vor der Zeit bringen könnten, da wir um 9 Uhr mit strukturierten Förderaufgaben beginnen, die aufeinander aufbauen. Dann kann Ihr Kind besser mitmachen und davon profitieren und die anderen Kinder werden nicht unterbrochen."

Bei Forderungen handelt es sich um MUSS-Regelungen, z. B. bei sicherheitsrelevanten Bestimmungen: „Leider können wir aus Sicherheitsgründen Taschenmesser bei den Kindern nicht erlauben, da sie sich selbst und andere verletzen können." Hierbei haben Sie die Möglichkeit, dass Sie den Eltern zumindest rhetorisch entgegenkommen und Verständnis zeigen: „Ich weiß, dass Jungs Taschenmesser toll finden." usw. – hier gilt also: Seien Sie weich im Ton, aber hart in der Sache!

Praxistipp für Elterngespräche mit Menschen mit Fluchterfahrung: Zirkuläre Fragen

Besonders erfolgreich im Gespräch mit Menschen mit Fluchterfahrung ist das zirkuläre Fragen. Hier einige mögliche Beispielfragen für Ihr nächstes Elterngespräch.

- „Wie würde man in Ihrer Heimat einem Kind helfen, das ebenfalls dieses Problem hat?"
- „Was würden Sie einem anderen Elternteil raten, der dieses Problem mit seinem Kind hat?"
- „Wen würden Sie in Ihrer Heimat bei einem solchen Problem um Hilfe fragen?"
- „Was denkt Ihre Familie wohl über das Problem Ihres Kindes?"
- „Was würde Ihr Partner über das Problem Ihres Kindes sagen, wenn er an Ihrer Stelle hier sitzen würde?"

Elternarbeit

Zu 4.: Vereinbarungen und Abschluss

Nun geht es darum, dass Sie gemeinsam mit den Eltern von den Lösungsideen die „Machbaren" und die „Zwingenden" noch einmal zusammenfassen und zu entsprechenden Vereinbarungen kommen. Fixieren Sie diese nach Möglichkeit noch während des Gespräches in einer Art Protokoll und lesen Sie diese Vereinbarungen zum Abschluss ruhig noch einmal vor, um Missverständnisse zu vermeiden. Fragen Sie, ob es noch offene Punkte gibt und klären Sie diese bei Bedarf. Versuchen Sie danach, einen schönen Gesprächsabschluss mit ein paar aufmunternden Worten oder Glückwünschen zu den guten gemeinsam gefundenen Lösungsvorschlägen zu finden. Vergessen Sie nicht, Ihre Ansprechbarkeit zu signalisieren: „Wenn Sie Fragen haben, kommen Sie jederzeit zu mir!" Bedanken Sie sich für das konstruktive und gute Gespräch und begleiten Sie die Eltern zu Ihrem Kind und/oder zur Ausgangstür.

Schwierige Gesprächssituationen

Konfliktgespräche können Sie entspannter angehen, wenn Sie wissen, wie Sie mit schwierigen Situationen umgehen können. Hier daher zwei Tipps für die Deeskalation bzw. den Abbruch eines Gespräches.

Deeskalation schwieriger Situationen

Bei unfairen Argumenten von Elternseite können deeskalierende Gesprächstechniken Ihnen helfen, zur Sachebene zurückzukehren.

- Zeigen Sie Verständnis, dies kann helfen, Gefühle nicht weiter hochkochen zu lassen.
- Verändern Sie den Gesprächsrahmen. Wenn Sie das Gefühl haben, dass das Gespräch stockt und Sie kommen am „Verhandlungstisch" nicht weiter, dann spricht auch nichts gegen eine Ortsveränderung oder einen kleinen Spaziergang in der Außenfläche der Kita.
- Versuchen Sie nicht, der erwarteten Antwort Ihres Gesprächspartners zu entsprechen. Hier ein Beispiel für einen möglichen Gesprächsverlauf:
  – Ein Vater sagt: „In Ihrer Kita werden die Kinder immer krank!"
  – Die ErzieherIn antwortet: „Gut, dass Sie auf die Gesundheit achten. Maßnahmen gegen Ansteckungsgefahr wie z. B. … sind für uns auch sehr wichtig. Natürlich gibt es keinen absoluten Schutz. Woran haben Sie gedacht?" usw.

Gesprächsabbruch

Wenn Ihr Gesprächspartner laut und/oder beleidigend wird, Ihre persönlichen Grenzen überschreitet, dann sollten Sie sich fragen, ob Ihnen eine Gesprächsfortführung zu diesem Zeitpunkt sinnvoll erscheint. Eine mögliche Reaktion Ihrerseits könnte sein: „Ich schlage vor, dass wir das Gespräch zu einem anderen Zeitpunkt fortsetzen." In diesem Fall ist es wichtig, dass Sie dies nicht nur sagen, sondern auch aufstehen, zur Tür gehen und Ihren Gesprächspartner nach draußen begleiten. Verabschieden Sie Ihren Gesprächspartner professionell, freundlich und mit dem Hinweis, dass Sie gerne für ein weiteres Gespräch zu einem anderen Zeitpunkt zur Verfügung stehen.

Sehen Sie dies nicht als Misserfolg, sondern als das Beste, das Sie in einer solchen Situation tun können. Unsachlichen Gesprächspartnern geben Sie so die (Lern-)Chance, dass z. B. Beleidigungen für Sie nicht zielführend sind und Sie ein solches Verhalten nicht unterstützen. Gleichzeitig geben Sie ihm durch Ihre professionelle Verabschiedung die Möglichkeit, sein Gesicht zu wahren und einen zweiten Anlauf zur Klärung der Situation zu starten.

4.5 Elternarbeit optimieren: Sinn und Nutzen von Dolmetschern

Insbesondere in der interkulturellen Elternarbeit sind Sprachprobleme nicht selten, und da Flüchtlinge häufig aus nicht-europäischen Ländern stammen, helfen Ihnen häufig auch ihre gelernten Schulsprachen, wie Englisch, Französisch usw. nicht weiter. Bis zu einem gewissen Grad können Sie mit ihrer Körpersprache und Gestik sprachliche Defizite überbrücken. Aber auch hier kommen Sie irgendwann an Ihre Grenzen.

Es kann hilfreich sein, wenn Sie auf sprachkompetente Mitarbeiter in Ihrer Einrichtung zurückgreifen können, aber das ist nicht immer der Fall.

Es kann auch eine Möglichkeit sein, andere Landsleute, beispielsweise aus der Flüchtlingsunterkunft, einzubeziehen, die dolmetschen können.

Wenn das alles nicht hilft, ist der Einsatz eines professionellen Dolmetschers sinnvoll. Sprechen Sie hierzu Ihren Träger oder den Sozialarbeiter an, der die Familie betreut. Falls es dort keine Erfahrungen mit dem Einsatz mit Dolmetschern gibt, haben wir Ihnen hier einige Tipps aufgelistet, die Ihnen bei der Suche nach einem geeigneten Dolmetscher helfen.

Die Suche nach einem geeigneten Dolmetscher:

Wenn Sie den Entschluss gefasst haben, mit einem Dolmetscher zu arbeiten, sollten Sie sich rechtzeitig darum kümmern. Hier einige Vorschläge, wie Sie vorgehen können:

- Gibt es einen kommunalen Dolmetscherpool in Ihrer Stadt? Fragen Sie hierzu beim Sozialamt Ihrer Stadt nach, gegebenenfalls gibt es eine eigene Integrationsstelle/Amt.
- Gibt es in der Nähe ein Psycho-Soziales Zentrum (PSZ), das Dolmetscher vermittelt? Schauen Sie auf der Seite der BAFF: Bundesweite Arbeitsgemeinschaft der psychosozialen Zentren für Flüchtlinge und Folteropfer nach: www.baff-zentren.org [28.11.2016]. Diese verfügen in der Regel über Kontakte zu gut ausgebildeten und trainierten Dolmetschern.
- Gibt es in Ihrer Stadt eine eigene Agentur zur Dolmetschervermittlung, wie z. B. Sprint: Recherchieren Sie im Internet unter „Sprint" und dem Namen Ihrer oder der nächstgrößeren Stadt, z. B.: www.sprint-wuppertal.de [28.11.2016].
- Gibt es eine Dolmetscher-Hotline in Ihrer Nähe?
- Gibt es in Ihrer Stadt einen Kreis von Ehrenamtlichen, die geeignete Personen als Dolmetscher kennen?
- Gibt es einen Dolmetscherpool bei Ihrem örtlichen Gericht?
- Manchmal vermitteln auch Sozialdienste geeignete Personen zum Dolmetschen.
- Zwei weitere Anlaufstellen sind der Bundesverband der Dolmetscher und Übersetzer e. V.: www.bdue.de und der Deutsche Verband der freien Übersetzer und Dolmetscher e. V.: www.dvud.de

5 Resilienz: Aktivierung und Förderung

von Martina Petri

5.1 Basics der Resilienz

Definitionen

Der Begriff Resilienz ist ursprünglich ein physikalischer Begriff. Er beschreibt die Eigenschaft eines Materials, nach Belastung wieder in seinen ursprünglichen Zustand zurückzukommen. Stellen Sie sich hierzu einfach ein Gummiband vor. Wenn sie es auseinanderziehen und wieder loslassen, kommt es in seinen ursprünglichen Zustand zurück. Wird es sehr beansprucht, leiert es womöglich irgendwann aus oder reißt sogar.

Dieses Bild kann auch auf die Resilienz von Personen übertragen werden. Ein Band von guter Qualität, leiert nicht aus. Ein Mensch mit hoher Resilienz kann viele Belastungen unbeschadet überstehen.
In der Literatur gibt es viele verschiedene Versuche den Begriff für den pädagogisch-psychologischen Bereich zu definieren. Hier einige ausgewählte Beispiele:

> **Resilienz**
>
> … ist die psychische Widerstandskraft oder die innere Stärke, die uns immer wieder aufrichtet.
>
> … ist eine personale Ressource, die mit einer gesunden Entwicklung von Kindern, Jugendlichen und Erwachsenen einhergeht.
>
> … ist das Vermögen einer Person oder eines sozialen Systems (z. B. Familie), sich trotz schwieriger Lebensbedingungen auf sozial akzeptiertem Wege gut zu entwickeln. Dieses Vermögen umfasst den Widerstand gegen die Zerstörung der eigenen Integrität (Unbescholtenheit, Unverletzlichkeit, Unbestechlichkeit) unter äußerem Druck und den Aufbau eines positiven Lebens trotz widriger Umstände. (Nach Rutter)
>
> … ist die Fähigkeit, aus widrigsten Lebensumständen gestärkt und mit größeren Ressourcen ausgestattet als zuvor herauszukommen. (Nach Froma Walsh)
>
> … ist die innere Stärke, die uns immer wieder aufrichtet. Wenn wir uns bewusst machen, wie es um unsere individuellen Resilienzfaktoren steht, können wir sie beeinflussen, unterstützen und unser Konzept zur Krisenbewältigung optimieren.

Zusammenfassend übersetzt auf den pädagogischen Kontext beschreibt der Begriff Resilienz die psychische Widerstandskraft oder die innere Stärke, die Menschen nach schwierigen Erfahrungen, Ereignissen oder Belastungen befähigt, sich selbst wieder aufzurichten.

Die Sieben Säulen der Resilienz

Zum Basiswissen der Resilienz gehört das Sieben Säulen Modell, welches von den US-amerikanischen Forschern Dr. K. Reivich und Dr. A. Shatté zum ersten Mal in ihrem Buch „The resilience factor" dargestellt wurde.

Basics der Resilienz

Das Modell beschreibt die innere Stärke eines Menschen mit sieben aufeinander bezogenen und voneinander abhängigen Bereichen. Jeder dieser einzelnen Bereiche ist wichtig und gehört zum Ganzen.

Es wird davon ausgegangen, dass Resilienz ein Persönlichkeitsentwicklungskonzept ist. Hier ist insbesondere der Begriff der Entwicklung zu betonen. Kinder benötigen Möglichkeiten, Resilienz zu entwickeln. Hierbei spielen Zeit, Kontinuität und Geduld eine große Rolle.

Resilienz gibt also einen Orientierungsrahmen vor, in dem es möglich ist, Stärken zu nutzen und Fähigkeiten auszubauen.

In diesem Entwicklungsprozess steuert und erweitert ein Resilienz-Training die Persönlichkeit. Das Modell der Sieben Säulen gibt außerdem erste Anhaltspunkte für die Förderung und regt zur Selbstreflektion an.

Säule eins: Optimismus *Optimismus ist der Glaube daran, dass alle Krisen zeitlich begrenzt sind und perspektivisch gesehen dem Leben eher etwas Gutes als Schlechtes bringen werden.*

Ein Kind, das eine optimistische Haltung hat, wird etwa eine Niederlage oder einen Schicksalsschlag als vorübergehend und als persönliche Herausforderung verstehen. Zentral ist hier der Glaube an die eigene **Selbstwirksamkeit**. Das Konzept der Selbstwirksamkeit ist ein zentraler Punkt bei der Resilienzförderung. Kinder müssen diese Selbstwirksamkeit aber erst einmal entdecken und entwickeln.

Gut zu wissen: Begriff Selbstwirksamkeit

Der Begriff Selbstwirksamkeit meint, dass ein Individuum die Überzeugung hat, dass das, was es gerade tun will oder plant zu tun, auch wirklich tun kann. Die Selbstwirksamkeit beantwortet somit die Frage: „Schaffe ich die Herausforderung / die Aufgabe / die Sache?"
Von genau dieser Überzeugung hängt es ab, ob ein Kind überhaupt etwas macht und auch, ob es erfolgreich ist oder nicht. Der Erfolg einer Aufgabenbewältigung hängt viel mehr von dieser Überzeugung ab als von der tatsächlichen Fähigkeit!
Denken Sie an das Konzept der sich selbst erfüllenden Prophezeiung. Geht ein Kind davon aus, dass es etwas schaffen wird, ist die Wahrscheinlichkeit viel höher, dass ihm dies auch gelingt.
Eine starke Selbstwirksamkeit ist also wichtig bei der Resilienzentwicklung. Sie entwickelt sich sehr früh in der Kindheit und ist lebenslang veränderbar.
Selbstwirksame Menschen erleben weniger Stress, sind gesünder, zufriedener und erfolgreicher.
Je früher wir Kindern helfen, ihre Selbstwirksamkeit zu entwickeln, desto leichter werden ihnen alle Herausforderungen gelingen, die das Leben für sie bereithält.

Säule zwei: Akzeptanz *Akzeptanz meint die Bereitschaft, den Tatsachen ins Auge zu sehen sowie die Haltung: „Ich nehme mich und die Situation so an, wie sie ist."*
Die Fähigkeit zur Akzeptanz ist für die Verarbeitung von Krisen eine unbedingte Voraussetzung. Erst nachdem Tatsachen als solche akzeptiert worden sind, besteht auch eine gute Chance, die nächsten Schritte zu gehen.

Säule drei: Lösungsorientierung *Der Begriff Lösungsorientierung meint hier, dass der Blick nach vorn und nicht in die Vergangenheit gerichtet ist. Es besteht die Bereitschaft zur Veränderung. Es werden Ziele gesetzt.*

Säule vier: Verlassen der Opferrolle *Resiliente Menschen richten ihre Aufmerksamkeit nicht ausschließlich auf andere Personen oder Umstände, sondern vielmehr auf sich selbst.* Sie verlassen die Opferrolle, setzen sich mit der bestehenden Sachlage auseinander und schauen, welchen eigenen Anteil sie an der aktuellen Situation haben.
Um aus der Opferhaltung herauszukommen sind folgende Haltungen hilfreich:

- Ich besinne mich auf meine eigenen Stärken.
- Ich vergegenwärtige mir, dass ich mein Leben selbst bestimmen und unabhängig entscheiden kann.
- Ich mache mir klar, dass ich mich wehren kann.

Säule fünf: Verantwortung übernehmen *Eine weitere Säule beschreibt die Bereitschaft, die Verantwortung für das eigene Tun und Handeln zu übernehmen.* Dies beinhaltet auch, die Konsequenzen zu tragen und ggf. die Resonanz dafür auszuhalten. Motto: Ich stehe zu meinen Taten, aber ich mache mich nicht zum Sündenbock.

Säule sechs: Netzwerkorientierung *Ein stabiles Netzwerk stärkt die Resilienz.* Vieles ist leichter oder sogar „beschwingter" zu ertragen, wenn ein soziales Netzwerk vorhanden ist. Dazu gehört es, sich anderen Menschen zu öffnen, sich mitzuteilen und offen miteinander umzugehen. Donald Keough, Ex-Präsident von Coca Cola, soll einmal gesagt haben, dass Erfolg in direktem Verhältnis zu der Fähigkeit eines Menschen steht, um Hilfe bitten zu können.

Säule sieben: Zukunftsorientierung *Um eine solide und tragfähige Zukunft planen zu können, sind Wahlmöglichkeiten und Visionen wichtig.* Gerade Kinder haben viele Träume und Visionen. Zukunftsorientierung entsteht dann, wenn Träume zugelassen werden.

Gehen Sie die Checkliste zu bestimmten Kindern durch, um festzustellen, ob ein Kind auf dem Weg ist, eine gute Resilienz zu entwickeln (s. Anhang, S. 90).

5.2 Sind Flüchtlingskinder automatisch Hoch-Risiko-Kinder?

Sind Flüchtlingskinder anders, als andere Kinder? Die Gruppe der Flüchtlinge ist eine heterogene Gruppe hinsichtlich Erfahrung, Bildung, kulturellem Hintergrund usw. Es gibt nicht das typische Flüchtlingskind. So gibt es Kinder, bei denen Sie sicherlich eindeutig sagen würden „denen ist bestimmt was Schlimmes passiert" und es gibt Kinder, die äußerlich aussehen wie „ganz normale Kinder" oder sogar Kinder, die äußerlich „besonders stark" wirken.

„Optisch starke Kinder"

Von außen betrachtet wirken einige Kinder mit Fluchterfahrung sehr stark, gesund, widerstandsfähig und ehrgeizig. Unterstützt wird dieser Eindruck zusätzlich durch den optischen Eindruck, dass sie häufig deutlich älter wirken, als sie eigentlich sind. Bedenken Sie die vielen Belastungsfaktoren, denen diese Kinder ausgesetzt sind:
- Sie sind traumatisiert.
- Sie sind „sprachlos" (aufgrund des Erlebten und aufgrund der zunächst fehlenden Sprachkenntnisse).
- Die Familie und deren Rückhalt fehlen.
- Sie trauern.
- Sie haben Heimweh.
- Sie gelten als stark und bekommen häufig nicht altersadäquate Aufgaben übertragen, wie z. B. Übertragung der Verantwortung für jüngere Geschwister (Parentifizierung).
- Sie erleben einen Kulturschock.
- Sie leben mit finanziellen Schwierigkeiten.
- Häufig fehlen ihnen Zugangsmöglichkeiten zu vielen Angeboten (Bildung, Kultur, Freizeit …).

Die Leiden der Kinder und Jugendlichen mit Fluchterfahrung sind häufig unsichtbar. Wenn sie mit ihrer Familie hier sind, laufen sie oftmals „nebenher" oder müssen „funktionieren". Was die Situation der Kinder und Jugendlichen ebenfalls nicht vereinfacht, ist, dass durch den Hintergrund der kollektivistischen Gesellschaft und das „Nicht-Sprechen über bestimmte Dinge" tatsächlich oftmals psychische Bedürfnisse nicht artikuliert und gesehen werden. Häufig geht es um ein „Funktionieren" im Kollektiv, was wenig bis keinen Raum für eigene Bedürfnisse zulässt.

Die eigentlichen Entwicklungsaufgaben von Kindern sind, wie Sie wissen, schon für sich genommen eine große Herausforderung und können häufig genug Probleme mit sich bringen. In der Praxis heißt dieses, dass viele der Kinder erst dann auffallen, wenn sie „Probleme" machen und auch dann nur wenige von ihnen die Möglichkeit einer therapeutischen Begleitung erhalten.

Deshalb haben wir Ihnen eine ausführliche Sammlung von Kinderbüchern für diesen Themenbereich als Download zusammengestellt, weil diese sich unserer Meinung und Erfahrung nach ganz hervorragend für die Arbeit mit (traumatisierten) Kindern mit Fluchterfahrung eignen, da darin schwierige Themen sehr leicht und verständlich aufbereitet werden.

Flüchtlingskinder sind häufig mit ihren Eltern oder Verwandten auf der Flucht oder manchmal auch unbegleitet. Sie haben nicht selbst die Entscheidung getroffen, den meist mühsamen und gefährlichen Weg der Flucht auf sich zu nehmen. Die Fluchtgründe sind ebenfalls sehr vielfältig. Manche sind vor großen Gefahren geflohen, manche aus wirtschaftlichen Gründen. Einige mussten schlimme Situationen durchleben oder solche beobachten und sind deshalb traumatisiert.

Jedes einzelne Kind hat einen ganz unterschiedlichen Lebenshintergrund, eine andere Fluchterfahrung, andere Erlebnisse gehabt, andere Belastungen und auch andere Dinge bei Eltern oder Familienmitgliedern gesehen und miterlebt. Jedes Kind reagiert ganz anders auf diese vielfältigen Belastungen. Nach Papadopoulos 2007 unterscheidet man drei verschiedene Reaktionsformen:

1. Die **neutrale Reaktion** ist, dass das Kind die Situation versteht und rational einordnen kann und deshalb auch weitestgehend unbeschadet bleibt, obwohl es außergewöhnliche Belastungen erlebt hat.
2. Die **positive Reaktion** liegt dann vor, wenn es durch die außergewöhnliche Belastung zu einer positiven Weiterentwicklung kommt. Das Beispiel dafür ist, dass der Betroffene eine größere Wertschätzung für das Leben entwickelt oder z. B. seine Beziehungen noch besser pflegt als vorher.
3. Eine **negative Reaktion** umfasst die Spannbreite von großem Leid bis hin zu einer Traumatisierung.

Die beschriebenen Reaktionsformen treten nicht durchgängig in „reiner" Form auf. Eher ist es so, dass ein Kind in verschiedenen Situationen unterschiedlich reagiert. Es kann also auch vorkommen, dass ein Kind alle drei verschiedenen Reaktionsformen zeigt.

In einer Studie des DIW (Deutsches Institut für Wirtschaft) aus dem Jahr 2016 wurde festgestellt, dass Flüchtlingskinder häufig schon lange vor der erfolgreichen Flucht unter widrigen Umständen und sehr häufig ohne Bildungsmöglichkeiten gelebt haben. Das bedeutet, dass diese Kinder in der Regel auch nur wenige Möglichkeiten hatten, Selbstwirksamkeit zu erlernen und auszubilden.

5.3 Praktische Resilienzförderung für Flüchtlingskinder

Haltung

Die Basis einer resilienzfördernden Erziehung ist die Haltung. Wie so oft!

Für Ihre Kita heißt das insbesondere, dass Sie als ErzieherInnen als Team wahrgenommen werden, die an einem Strang ziehen. Für Eltern und Kinder sollte offensichtlich sein, dass Selbstdisziplin und Selbstkontrolle wichtige Erziehungsziele Ihrer Einrichtung sind. Erzieherische Maßnahmen sollten konsequent angewandt werden. So kann Verlässlichkeit für alle Seiten entwickelt werden. Zudem ist gerade in schwierigen Situationen Gelassenheit und Ruhe wichtig. Maßnahmen sollten auf rationale Überlegungen und nicht „aus dem Bauch" heraus erfolgen. Ein Klima der Ermutigung ist dabei besonders wichtig. Dies gilt natürlich auch für Sie als ErzieherInnen und die Eltern. So sollte immer wieder in Teamsitzungen oder auch in der Supervision das Thema „Haltung" reflektiert werden.

Wenn Sie es als Team schaffen, eine solch resilienzfördernde Haltung zu entwickeln, dann haben Sie bereits einen Meilenstein geschaffen.

Resilienz: Aktivierung und Förderung

Handlungsanweisungen

Die Pionierin der Resilienzforschung Emmy Werner stellte bei ihren Untersuchungen in den 1970er-Jahren auf Hawaii fest, dass folgende Faktoren für die Resilienzförderung von Hoch-Risiko-Kindern bedeutsam sind:

- Bindung zu einer Bezugsperson
- Stärkung des Selbstwertes
- Kommunikationsfähigkeit

Ergänzt man jetzt noch das Wissen des Sieben-Säulen-Modells und die Kenntnisse der Selbstwirksamkeitsentwicklung, dann ergeben sich folgende Handlungsanweisungen.

1. Beziehung und Bindung fördern

- Haben Sie ein offenes Ohr!
- Zeigen Sie, dass Sie gesprächsbereit sind!
- Kommunizieren Sie wertschätzend, klar und authentisch.
- Nehmen Sie Anteil an Erfolgen und Misserfolgen!
- Loben Sie!
- Wechseln Sie die Perspektive: Weg von den Defiziten, hin zu den Schätzen und Ressourcen!
- Unterstützen Sie die Eltern!

2. Stärken Sie den Selbstwert des Kindes

- Akzeptieren Sie das Kind um seiner selbst willen!
- Zeigen Sie offen, dass Sie das Kind mögen!
- Lassen Sie bedeutsame Anlässe nicht ungenutzt verstreichen!
- Zeigen Sie Freude darüber, dass das Kind etwas geschafft hat!
- Betonen Sie ganz genau, was aus Ihrer Sicht zu diesem Erfolg beigetragen hat! Benennen Sie die Kompetenzen des Kindes und stärken Sie diese damit!
- Lassen Sie dem Kind die Zeit, die es braucht, um seine Stärken zu entwickeln! (Vergessen Sie nicht, dass dies individuell sehr unterschiedlich sein kann.)
- Akzeptieren Sie die einmaligen Stärken und Erfolge des Kindes!
- Seien Sie Modell im Umgang mit Fehlern. Gehen Sie mit gutem Beispiel voran und geben Sie Fehler, die sie selbst machen, zu und korrigieren Sie diese.
- Vermitteln Sie so klar und nachdrücklich wie möglich, dass Fehler nicht akzeptiert, sondern sogar erwartet werden! Jedoch sollte ein Fehler nach Möglichkeit nur einmal gemacht und daraus gelernt werden.
- Freuen Sie sich darüber, wenn Kinder eigene Fehler finden!
- Fördern Sie das Verantwortungsgefühl des Kindes, indem Sie ein Vorbild für Verantwortungsbewusstsein sind!
- Geben Sie dem Kind die Möglichkeit, Aufgaben zu übernehmen, die es schaffen kann!

3. Förderung der Kommunikation und Problemlösefähigkeit

„Werkzeuge" für eine gute Kommunikation:

- Hören Sie aktiv zu!
- Vermitteln Sie die Botschaft: „Ich habe dich gehört."
- Seien Sie fair.
- Kommunizieren Sie kurz und verständlich.
- Seien Sie ein Vorbild für Würde und Ehrlichkeit.
- Seien Sie geduldig, auch wenn das Kind mehrmals mit derselben Angelegenheit zu Ihnen kommt.
- Seien Sie humorvoll.

4. Zeigen Sie, wie Sie Probleme angehen und lösen!

- Bieten Sie Wahlmöglichkeiten an! Besprechen Sie mit den Kindern gemeinsam, welche Vor- und Nachteile die einzelnen Alternativen haben!
- Folgender Ablauf kann hierbei hilfreich sein: Formulieren Sie das Problem und werden Sie sich darüber einig, dass es ein Problem ist!
- Ziehen Sie zwei oder drei Lösungsvorschläge in Erwägung und überlegen Sie sich, zu welchem Ergebnis diese Versuche jeweils führen können!
- Lassen Sie sich etwas einfallen, um einander im Bedarfsfall an eine gemeinsame Aufgabe zu erinnern!
- Überlegen Sie auch gemeinsam, was zu tun ist, wenn es nicht klappt.

5. Holen Sie die Eltern ins „Boot"

Um Resilienz zu fördern, ist es wichtig, produktiv mit den Eltern zusammenzuarbeiten. Wenn Eltern und Erzieher sich als Partner sehen, ist das letztlich für die Kinder ein Gewinn.

6. „Werkzeuge" zur Elterngewinnung

- Seien Sie den Eltern gegenüber empathisch!
- Ändern Sie negative automatische Einstellungen (z. B. „Die schon wieder", „das war doch klar, dass die das nicht hinkriegen" usw.)
- Sorgen Sie dafür, dass alle Eltern und Kinder sich willkommen fühlen!
- Überprüfen Sie, ob die Erwartungen, die Sie an die Eltern haben, realistisch sind!
- Sprechen Sie über die Bedeutung von Fehlern im Lernprozess!
- Vermitteln Sie den Eltern Problemlösefähigkeit und Entscheidungskompetenz!

5.4 Resilienzfördernde Spiele

Spiele sind ein sehr geeignetes Medium zur Förderung der Resilienz von Kindern. Wenn Sie sich fragen, was ein resilienzförderndes Spiel ist, dann nutzen Sie doch einfach die Checkliste im Anhang (s. S. 90). Wenn mehr als drei Eigenschaften aus der Checkliste für Ihre Spielidee zutreffen, dann ist diese resilienzfördernd.
Im Folgenden haben wir Ihnen einige schöne Spiele zusammengestellt, die sie zur Resilienzförderung nutzen können.

Praxisbeispiele: Spiele zur Resilienzförderung

Förderung von Selbst- und Fremdwahrnehmung
Beispiel: Ich sehe wen, den du auch siehst
Die Kinder sitzen zusammen. Es wird ein Kind zufällig ausgewählt, das beginnen darf. Dieses sagt dann den Spruch: „Ich sehe wen, den du auch siehst und der hat … [eine rote Hose an, blonde Haare, eine Kette um usw.]. Wer aus der Gruppe das gesuchte Kind errät, ist als Nächstes an der Reihe.

Gefühle regulieren lernen
Beispiel: Quatschgeschichten
Die Kinder sitzen zusammen. Die Spielleitung verteilt Bildkarten oder alternativ Geschichten-Erzähl-Würfel. Die Kinder ziehen abwechselnd eine Karte oder würfeln. Es wird dann nach und nach eine Fantasiegeschichte mit den gezogenen Symbolen erzählt. Alle dürfen sich beteiligen. Immer wenn etwas genannt wird, das Quatsch ist, soll die Gruppe laut „Quatsch" rufen.

Mutmacher
Beispiel: Im Gleichgewicht bleiben
Es werden z. B. unterschiedlich dicke Holzstämme im Garten verteilt. Jedes Kind kann frei die Bewegungsmöglichkeiten darauf erforschen und so sein Gleichgewicht trainieren. Die Kinder werden ermutigt sich auszuprobieren und sich gegenseitig zu unterstützen.

Förderung der Sozialkompetenz
Beispiel: Luftballontanz
Jeweils zwei Kinder stehen Rücken an Rücken und geben sich die Hände. Die Spielleitung legt einen aufgeblasenen Luftballon zwischen beide Kinder in Höhe der Schulterblätter. Auf ein akustisches Signal hin beginnen sich die Kinder gemeinsam zu bewegen. Doch Vorsicht, der Luftballon soll nicht auf den Boden fallen! Fällt er trotzdem, sammeln die Kinder ihn wieder ein und der Luftballontanz beginnt aufs Neue. Dazu kann Musik laufen.

6 Sprache

von Annett Leisau

Kinder mit Fluchterfahrung sind bis zu ihrer Ankunft in Deutschland mit (mindestens) einer anderen Sprache als der deutschen aufgewachsen. Damit kommt dem Thema Mehrsprachigkeit und Deutschspracherwerb in unseren Kindertageseinrichtungen ein zentraler Stellenwert zu. Denn für Kinder ist der rasche Erwerb deutschsprachiger Fähigkeiten Grundvoraussetzung für eine schnelle und umfassende Integration in die Kindergruppe und für eine aktive Teilhabe am Kindergartenalltag.

Wozu brauchen wir Sprache?

Sprache ist das wichtigste Kommunikationsmittel der Menschen. Sie dient vor allem dem Austausch von Informationen und der Organisation des Denkens und unserer Gefühle.

Kindergärten sind für viele Kinder mit Fluchterfahrung die ersten Orte, an denen sie und ihre Eltern mit außerfamiliären Bildungsangeboten in Berührung kommen. Hier treffen sie auf andere Kinder und deren Eltern und auf Sie als ErzieherInnen, die wichtige Bezugspersonen für sie werden können.

Sich gut in der deutschen Sprache verständlich machen zu können, ist eine wichtige Voraussetzung, um an allen Bereichen des (Kindergarten-)Lebens teilhaben zu können. Kinder können von Erlebnissen erzählen, mitentscheiden, welches Spiel im Morgenkreis gespielt oder welches Lied gesungen wird. Sie können in teiloffenen Einrichtungen mitteilen, ob sie lieber in die Sporthalle, den Leseraum oder in das Verwandlungszimmer gehen möchten.

Gute deutschsprachige Fähigkeiten gehören aber auch über den Kindergarten hinaus zu den wichtigsten Kenntnissen für einen erfolgreichen Schulbesuch als Basis für ein selbstbestimmtes Arbeits- und Berufsleben. Der Kindergarten bietet somit den Ausgangspunkt für das gesamte weitere Leben. Hier wird die kindliche Deutschsprachentwicklung frühzeitig und umfassend durch eine ganzheitliche Sprachbildung unterstützt, die in natürlichen Situationen stattfindet – kindbezogen, alltagsnah und individuell. Deshalb ist der Kindergartenbesuch für Kinder, die zu Hause mit einer anderen als der deutschen Sprache aufwachsen, ganz besonders wichtig.

6.1 Mehrsprachigkeit

Lange Zeit sind auch ErzieherInnen davon ausgegangen, dass kindliche Mehrsprachigkeit eine Überforderung darstellt. Und auch heute noch lassen sich – wider besseren Wissens – solche Gedanken finden. Weltweit gibt es sehr viele Länder, in denen lebendige Mehrsprachigkeit praktiziert wird, in denen es völlig normal ist, dass Kinder mit und in mehreren Sprachen groß werden. Hier stellt Mehrsprachigkeit keine Besonderheit dar und wird auch nicht als eine zusätzliche Herausforderung angesehen (Focali 2009, S. 74). Wenn wir uns alleine in Europa umschauen, so finden wir Mehrsprachigkeit z. B. in Belgien, Luxemburg und in der Schweiz.

Deutschland zählt zu den einsprachigen Ländern. Und doch wissen auch wir um die Bedeutung von Kenntnissen in anderen Sprachen – also zumindest dann, wenn es um Sprachen wie Englisch oder auch Französisch geht. Bei diesen Sprachen haben wir sofort einen Nutzen für ein erfolgreiches Berufsleben im Hinterkopf und schicken daher Kinder gerne in vorschulische Englischkurse oder in bilinguale Kindergärten. Denn im späteren Berufsleben gelten gute Englischkenntnisse heute als Schlüsselkompetenz.

Mehrsprachigkeit

Anders ist es bei den meisten Sprachen, die Kinder mit Migrationshintergrund und/oder Fluchterfahrung über ihre Familien mitbekommen: Arabisch, Griechisch, Polnisch, Türkisch, Russisch oder Koreanisch oder den von Flüchtlingen mitgebrachten Sprachen: Farsi, Dari, Hausa oder Kurdisch-Sorani, Persisch, Pashtu, Twi oder Tigrinya (Letzteres sind zwei von den knapp 2 000 Sprachen, die alleine auf dem afrikanischen Kontinent gesprochen werden). Wenn Kinder eine dieser Sprachen beherrschen, dann wird dies in den meisten Fällen leider nicht als Kompetenz angesehen. Im Mittelpunkt stehen vielmehr die noch fehlenden Kenntnisse in der deutschen Sprache. Dabei sind die kognitiven Leistungen, die Kinder erbringen müssen, wenn sie (irgend-)eine Sprache erlernen, weitgehend identisch. Im Folgenden möchten wir Ihnen einen kleinen theoretischen Input geben, bevor Sie dann viele praktische Tipps für den Umgang mit der zunehmenden Mehrsprachigkeit im Kinderalltag bekommen.

Formen der Mehrsprachigkeit: Erstsprache – Zweitsprache – Fremdsprache

Wenn Kinder geboren werden, entscheiden zuallererst einmal die Eltern über die zukünftige Sprache der Kinder. Dabei fällt diese Entscheidung bei einsprachigen Eltern ganz automatisch. Sie „müssen" sich für ihre Sprachen entscheiden, denn eine andere haben sie nicht zur Verfügung. Die Eltern, die entweder jeder eine eigene Sprache sprechen (z. B. Mutter spricht polnisch, Vater deutsch) oder auch die Eltern, bei denen ein Elternteil mehr als eine Sprache fließend spricht, haben die Wahl, welche Sprache(n) sie ihrem Kind weitergeben wollen. Schon diese Entscheidung fällt vielen Eltern schwer. Gerade wenn sie auch über gute deutschsprachige Fähigkeiten verfügen, wollen sie ihrem Kind zwar einerseits die Familiensprache mit auf den Lebensweg geben, andererseits möchten sie ihnen aber auch den zukünftigen Kindergarten- und Schulbesuch durch bereits weitergegebene gute Deutschkenntnisse erleichtern.

Sprachwissenschaftlich gesehen werden in diesem Zusammenhang verschiedene Worte benutzt. Die Sprache, mit der Kinder als Erstes – das heißt innerhalb der ersten zwei Lebensjahre in intensiven Kontakt kommen, wird **Erstsprache**, Muttersprache, Familiensprache oder auch Herkunftssprache genannt. All diese Begriffe können immer dann synonym – als gleichbedeutend – angewendet werden, wenn ausgedrückt werden soll, dass es sich um die Sprache handelt, mit der Kinder zu Hause in den ersten Lebensjahren aufwachsen.

In seiner Familiensprache und mit ihrer Hilfe bewegt sich das Kind in seinem Lebensumfeld. Die mitschwingenden Gefühle und die non-verbalen Äußerungen wie Mimik und Gestik, Intonation, Sprechrhythmus, Körperbewegungen übernehmen dabei gerade für den frühen Spracherwerbsprozess der Kinder ganz zentrale Aufgaben. Da Eltern eben nicht nur die bedeutungstragenden Inhalte vermitteln, ist es von entscheidender Bedeutung, dass sie sich im Umgang mit der Sprache sicher fühlen, so dass sie nicht durch lange Überlegungen nach passenden verbalen Äußerungen, die Verbindung zwischen Handlungssituation und sprachlicher Zuwendung zerstören. Eltern sollten daher in jedem Fall die Sprache für die frühe Kommunikation nutzen, die sie sicher und umfassend beherrschen, in der sie sich wohl fühlen und authentisch sein können.

> **Gut zu wissen**
>
> Eltern aus geflüchteten und zugewanderten Familien sollten darin bestärkt werden, mit ihrem Kind in der Sprache zu sprechen, in der sie sich wohlfühlen und dem Kind Wärme und Nähe geben können.

Gerade in den letzten Jahren nimmt die Zahl der Kinder, die von Beginn an mit zwei Sprachen aufwachsen, zu. Erwerben Kinder innerhalb der ersten zwei Lebensjahre sprachliche Strukturen aus zwei Sprachen, wird von einem simultanen Erstspracherwerb oder auch Doppelspracherwerb gesprochen – die Kinder wachsen **bilingual** auf. Man geht davon aus, dass ein Kind eine zweite Sprache vor dem dritten Lebensjahr auf die gleiche Art und Weise wie die Erstsprache lernt.

Wenn Kinder die Sprache, die in der umgebenden Gesellschaft gesprochen wird, ab dem 3./4. Lebensjahr erlernen, wird vom sukzessiven (also nachrangigen) **Zweitspracher-**

werb gesprochen. Dies betrifft viele Kinder mit Migrationshintergrund, nämlich diejenigen, die zu Hause ihre Familiensprache gesprochen haben und nun – mit 3 Jahren – ohne Deutschkenntnisse in den Kindergarten kommen. Dies betrifft auch die meisten Kinder mit Fluchterfahrung. Sie kommen mit einer oder zwei Sprachen aus ihrem Heimatland und stoßen hier im Kindergarten auf die deutsche Sprache. Im Kindergarten wird die Zweitsprache Deutsch ganz natürlich im Alltag, im täglichen Miteinandersprechen erworben. Die Kinder verbringen einen großen Teil des Tages in einem Kontext, der überwiegend deutschsprachig stattfindet und benötigen eigentlich alle Worte und Regeln der „neuen" Sprache vom ersten Augenblick an.

Der **Fremdspracherwerb** ist in der Regel mit einem expliziten Unterricht verbunden. Hier steht nicht die direkte Kommunikation in einer anderssprachigen Umgebung im Mittelpunkt. Vielmehr werden Fremdsprachen nach einer klaren Struktur gelernt. Das Lehrbuch ist themenbezogen aufgebaut, die jeweils benötigten Vokabeln und grammatischen Strukturen werden Lektion für Lektion erworben.

Mehrsprachiges Aufwachsen

Für viele Kinder mit Migrationshintergrund ist der flexible Umgang mit zwei oder mehr Sprachen von klein auf Normalität. Sie nutzen für die familiäre Kommunikation die Herkunftssprache oder die Herkunftssprachen ihrer Eltern. Außerhalb der Familie, z. B. im Kindergarten, passen sie sich den sprachlichen Anforderungen der Mehrheitsgesellschaft an und sprechen deutsch. Dieses Aufwachsen in und mit zwei oder mehreren Sprachen ist etwas, das alle Kinder mit Migrationshintergrund, die mehrsprachig aufwachsen, verbindet und sie von einsprachig aufwachsenden Kindern unterscheidet. Andererseits stellt sich die Gruppe der mehrsprachigen Kinder mit Migrationshintergrund als sehr heterogen dar. Sie unterscheidet sich sowohl im Zeitpunkt des kontinuierlichen Kontakts mit der Zweitsprache als auch in der Kompetenz, die sie in einer oder mehreren Sprachen erreichen. Dies kann hauptsächlich mit unterschiedlichen soziokulturellen Bedingungen begründet werden, denen die Familien unterworfen sind. Aber auch die Bedürfnisse der Eltern und mit zunehmendem Alter auch die Bedürfnisse der Kinder sind von entscheidender Bedeutung für die Frage, wann und in welcher Intensität die Kinder schließlich mit den verschiedenen Sprachen in Kontakt kommen sollen.

Die Kinder mit Fluchterfahrung stellen hier eine spezielle Gruppe dar. Sie sind in einem anderen Land mit der dort jeweils vorherrschenden Sprache aufgewachsen. Kontakt zur deutschen Sprache haben sie erst mit der Ankunft in Deutschland. Sie haben vor dem Eintritt in den Kindergarten so gut wie kein deutsches Wort gehört.

Für die spätere individuelle Beherrschung mehrerer Sprachen spielen die Umstände des Spracherwerbs eine wichtige Rolle. Wie reagiert das Umfeld auf die verschiedenen Sprachen, wie gestalten sich die Kontexte, in denen die Kinder die verschiedenen Sprachen benutzen? Hierzu gehört selbstverständlich auch die gesellschaftliche Einstellung zur Zweisprachigkeit im Allgemeinen und zu jeder der Sprachen im Besonderen. Gerade im Zusammenhang mit einer familiären Flucht und/oder Migration scheint sich die Einstellung des gesellschaftlichen Umfeldes, die Art und Weise also, ob die jeweilige Erst- oder Zweitsprache einer Person als eine Kompetenz, eine Fähigkeit anerkannt wird, neben den individuellen kognitiven Kompetenzen auf die Motivation der lernenden Person auszuwirken.

Mehrsprachigkeit und kulturelle Identität gehören zusammen

Der Umgang mit verschiedenen Sprachen erfordert aber nicht nur Kenntnisse des kindlichen (Mehr-)Spracherwerbs, sondern auch eine Auseinandersetzung mit unterschiedlichen Denksystemen: „Eine Sprache, ein Mensch – zwei Sprachen, zwei Menschen", sagt ein türkisches Sprichwort.

Jede Sprache ist ein Teil einer Kultur und so mit einer eigenen Lebensart, mit eigenen Traditionen, Werten und Gefühlen verbunden. Kinder, die mehrsprachig aufwachsen, erwerben mit jeder weiteren Sprache auch Teile einer weiteren Kultur, die ihre Identität mitprägt. Dies kann sie darin

Mehrsprachigkeit

unterstützen, andere Menschen besser zu verstehen und sich in sie hineinzuversetzen. Mehrsprachigkeit ist eine Kompetenz, die wir in einer zusammenwachsenden Welt in Zukunft immer stärker benötigen.

> ### Tipp
>
> Laden Sie Eltern ein, ihre Kultur und ihre Sprache im Kindergarten vorzustellen. So könnten Eltern mehrsprachige Kinderbücher vorlesen oder Bilderbücher in ihrer Sprache besprechen. Eltern können Bilder zum Tagesablauf mit den Worten ihrer Sprache beschriften. Kinderverse oder kleine Lieder können im Kindergarten mit allen Kindern gesungen werden. So haben alle Kinder der Gruppe die Möglichkeit, Klang und Melodie verschiedener Sprachen kennenzulernen und zu erkennen, dass Sprache etwas Verbindendes und nicht etwas Trennendes ist. Darüber hinaus können Eltern Gegenstände oder Kleidungsstücke aus ihrem Herkunftsland vorstellen, mit den Kindern so essen, wie es in ihrem Land typisch ist oder auch Bilder oder Videos von kulturellen Ritualen und Festen mitbringen und darüber erzählen. Kinder (und auch Sie als ErzieherIn) lernen so Teile der Kultur der anderen Kinder kennen. Dies weckt Neugier, aber auch Wertschätzung für Unterschiede.

Methoden des Mehrspracherwerbs

Eltern sind häufig unentschlossen, in welcher Sprache sie mit ihren Kindern kommunizieren sollen – gerade dann, wenn innerhalb der Familie mehrere Sprachen gesprochen werden oder wenn ein Elternteil mehrere Sprachen beherrscht. Auf diese Frage gibt es keine pauschale Antwort. Am besten wäre es, wenn Eltern mit ihren Kindern die Sprache sprechen, die sie am besten beherrschen. Wenn die Entscheidung für die Weitergabe der Familiensprache fällt, können Eltern verschiedene familiäre Strategien zur Vermittlung nutzen.

Eins vorneweg: Es gibt nicht DIE Strategie zum familiären Umgang mit Zwei- oder Mehrsprachigkeit. Jede Familie entwickelt ihre eigene Strategie.

Einige Eltern sprechen konsequent jeweils in einer Sprache mit den Kindern. Dieses Verfahren ist unter der Bezeichnung **eine Sprache – eine Person** bekannt.

Andere Eltern sprechen zu Hause mit ihren Kindern konsequent in der einen Erstsprache, nutzen aber außerhalb des Hauses (oder in bestimmten familiären Situationen) die Umgebungs- oder eine weitere Sprache. Diese Methode wird als **eine Situation – eine Sprache** bezeichnet. Die zweite Strategie kommt auch immer dann zum Tragen, wenn Eltern (noch) nicht über ausreichende Deutschkenntnisse verfügen – wie geflüchtete Eltern beispielsweise.

> ### Gut zu wissen
>
> Insbesondere, wenn es sich bei der Erstsprache um eine „nicht angesehene Sprache" handelt, kann es Eltern schwerfallen, in der Öffentlichkeit (und manchmal sogar in der Familie) die Erstsprache zu nutzen. Das ist auch der Fall, wenn Eltern denken, dass sich ihre Kinder leichter integrieren können, wenn sie ausschließlich Deutsch sprechen. Als ErzieherIn sollten Sie Eltern dazu ermutigen, sich nicht verunsichern zu lassen und mit ihren Kindern in ihrer Erstsprache zu kommunizieren. Dies gilt insbesondere dann, wenn die Erstsprache die Sprache ist, in der die Eltern am besten und am intensivsten ihre Gefühle ausdrücken können. Eltern sollten sich auch nicht entmutigen lassen, wenn ihre Kinder mit zunehmendem Alter und zunehmender Kompetenz in der deutschen Sprache häufiger auf Deutsch antworten.

6.2 Zur Bedeutung der Familiensprache für die Entwicklung

Bei den meisten Kindern mit Fluchterfahrung können wir von einem sukzessiven (nachrangigen) Erwerb der deutschen Sprache nach dem 3. Lebensjahr ausgehen. Weil wir wissen, dass kompetente Fähigkeiten in der Erst- oder Familiensprache eine wesentliche Voraussetzung für einen raschen und erfolgreichen Zweitspracherwerb bilden, soll im Folgenden die Bedeutung der Familiensprache im Mittelpunkt stehen.

Sprache hat für Kinder einen zentralen Einfluss auf ihre emotionalen, kognitiven und kommunikativen Fähigkeiten (vgl. z. B. Jampert 2005). Die Kinder werden in die „sprachliche Welt" ihrer Eltern hineingeboren und wachsen ganz selbstverständlich mit der jeweiligen Familiensprache auf. Sie erleben diese Familiensprache als eine „selbstverständliche Begleiterin" (Jampert 2002) ihrer Kindheit. Gerade für Kinder mit Migrationshintergrund oder Fluchterfahrung, die in den ersten Lebensjahren innerhalb ihrer Familie überwiegend mit einer anderen als der deutschen Sprache aufwachsen, finden diese emotionalen, erkenntnisbezogenen und interaktionalen Prozesse überwiegend in der oder den Sprache(n) der Eltern statt. Damit sind auch die emotionalen, intellektuellen und kommunikativen Kenntnisse und Fähigkeiten des Kindes auf das Engste mit der Familiensprache verwoben.

Häufig werden diese herkunftssprachlichen Fähigkeiten im Hinblick auf das Aufwachsen von Kindern mit Migrationshintergrund durch pädagogische Fachkräfte und Politiker problematisiert und als störend für den Deutscherwerb kritisiert. Fakt ist aber, dass die Familiensprache der Kinder die Grundlage für ihre gesamte sprachliche Entwicklung bildet.

Auf einen Blick

Die Familiensprache bildet die „Wurzel der kindlichen Sprachentwicklung" (Focali 2009). Sie vermittelt dem Kind Sicherheit und Vertrauen. Durch seine Sprache erwirbt das Kind seine Identität und sein Selbstwertgefühl. Als ErzieherIn sollten Sie diese familiensprachlichen Fähigkeiten der Kinder wertschätzen und als Kompetenzen anerkennen. Auf keinen Fall dürfen Sie dem Kind das Gefühl vermitteln, dass die Familiensprache im Kindergarten nicht willkommen ist – also nicht gesprochen werden darf.

Das Kind entwickelt mithilfe seiner familiären Bezugspersonen die Fähigkeiten und Kenntnisse in seiner Erstsprache weiter. Diese Sprache bleibt das wichtigste Verbindungsglied einerseits zu Verwandten und Bekannten hier in der Aufnahmegesellschaft, aber auch zu denen, die im Herkunftsland der Familie verblieben sind. Gerade für Flüchtlingsfamilien ist diese Familiensprache oft das (einzige) sprachliche Bindeglied zu dem Teil der Familie, der während der Flucht vor Krieg und Zerstörung über den ganzen Globus verteilt wurde und somit unterschiedliche Zweitsprachen erlernen musste.

Gerade in der Migration kann ein Kind mit dem Eintritt in die Bildungsinstitutionen den Eindruck gewinnen, ohne die Nutzung der familiären Herkunftssprache gut leben zu können. Das trifft insbesondere dann zu, wenn das Kind außerhalb der Familie nur wenige Interaktionspartner mit derselben Herkunftssprache hat. Um die Herkunftssprache auch in der Migration behalten und weiter ausbauen zu können, benötigen Kinder kontinuierlich angebotene Sprechanlässe in der Herkunftssprache. Dies erreichen Eltern z. B. durch Reisen zu Verwandten oder Bekannten in das oder die familiären Herkunftsländer. Gerade für Kinder aus geflüchteten Familien ist gerade dies nicht möglich. Kindergärten und Familienzentren könnten für diese Familien Treffpunkte bieten, an denen sich verschiedene (geflüchtete) Familien mit derselben familiären Herkunftssprache treffen und ausgiebig in „ihrer" Sprache kommunizieren können.

> **Checkliste Familiensprache**
>
> Die Familiensprache(n) haben einen ganz besonderen Wert für die kindliche Entwicklung. Daher ist es besonders wichtig, die sprachlichen Begebenheiten zu Hause zu erfragen: und dies möglichst offen und interessiert.
> - Welche Sprache(n) wird/werden zu Hause gesprochen?
> - Wie intensiv werden diese Sprachen gesprochen?
> - Gibt es auch Kinderbücher/Kassetten in der jeweiligen Sprache oder beschränkt sich die Weitergabe der Sprache(n) auf die mündliche Kompetenz?
> - Gibt es kleine Lieder/Fingerspiele/Abzählreime, die regelmäßig gesprochen werden? (Diese könnten Sie sich notieren und an passender Stelle im Tagesablauf nutzen.)
> - Wie schätzen Eltern die Sprachkompetenz ihres Kindes ein?

 Sprachlicher Übergang von der Familie in den Kindergarten

Die Familiensprache bildet das Fundament der weiteren sprachlichen Entwicklung eines jeden Kindes. Eine Entwicklung, die gerade mit Blick auf die Kinder mit Fluchterfahrung, hier in Deutschland angekommen, in einer anderen als der bis dahin verinnerlichten, vertrauten Sprache fortgesetzt werden muss. Die Schwierigkeiten, die aus diesem Wechsel der Sprachen für die Kinder entstehen können, sollen im folgenden Abschnitt intensiv besprochen werden. Denn spätestens beim Eintritt in den Kindergarten gewinnt die deutsche Sprache als Kommunikations- und Beziehungssprache für Kinder an Bedeutung.

Der Eintritt in den Kindergarten bedeutet für viele Kinder auch einen Eintritt in eine neue Welt. Ein neuer Lebensabschnitt beginnt. Plötzlich muss ein Kind in der ihm unbekannten Institution ohne Mama und Papa, dafür aber mit vielen fremden Kindern und Erwachsenen den Tag verbringen. Dieser Schritt ist für viele mit großen Ängsten und Sorgen verbunden. Die sprachliche Unsicherheit der nicht mit der deutschen Sprache aufgewachsenen Kinder kommt zu den Ängsten und Sorgen noch hinzu.

Sobald es den Gruppenraum betritt, werden die meisten Kontakte in der deutschen Sprache stattfinden. Das Kind nimmt an der Beschäftigung teil, sitzt im Stuhlkreis, spielt mit anderen Kindern und handelt mit ihnen die Spielregeln aus, wendet sich an seine ErzieherInnen bei Fragen, Problemen oder Bitten – und das alles sollte möglichst schnell in der deutschen Sprache erfolgen. Zwar ist der Umgang mit den bereits in der Erstsprache erworbenen Kenntnissen und Erfahrungen von Einrichtung zu Einrichtung unterschiedlich, allerdings kann festgehalten werden, dass andere als die deutsche Umgebungssprache, in vielen vorschulischen Einrichtungen nur wenig bis gar nicht präsent sind.

Auch aufgrund seiner bereits erworbenen erstsprachigen Kompetenzen konnte das Kind schon ein gewisses Maß an Selbstständigkeit erlangen. Es konnte mit anderen Personen in Kontakt treten, es konnte nach Gegenständen fragen, um Hilfe bitten und mit Kindern interagieren. Nun, wo ihm seine Familiensprache nicht mehr zur Verfügung steht, wird das Kind einen großen Entwicklungsschritt zurückgeworfen.

Auf die daraus resultierende sprachliche Unsicherheit reagieren einige Kinder gerade zu Beginn der Kindergartenzeit mit auffälligen Verhaltensweisen. Sie ziehen sich zurück oder reagieren übertrieben aggressiv. In einigen Fällen verstummen die Kinder während des Aufenthaltes im Kindergarten für ein paar Wochen (manchmal sogar für ein paar Monate) vollständig. Man spricht in solchen Fällen von selektivem Mutismus (Hendrich, 2016). Selektiv deshalb, weil sich das „Verstummen" zumeist nur auf die Zeit im Kindergarten bezieht und sie zu Hause im bekannten sprachlichen Umfeld durchaus mit sehr viel Elan sprechen. Wenn diese Kinder nach ihrer „Auszeit" auch im Kindergarten zu sprechen beginnen, überraschen sie Sie als ErzieherIn häufig mit erstaunlich guten Deutschkenntnissen.

6.4 Zweitspracherwerb – Rahmenbedingen

Der Erwerb von zwei oder mehr Sprachen ist für Kinder kein Selbstzweck. Es gibt also keinen Automatismus zum Erwerb mehrerer Sprachen, nur weil sich ein Kind in einer anderssprachlichen Umgebung aufhält (vgl. Jampert, 2002). Auch wenn es für uns oft nicht den Anschein hat, aber der Erwerb sprachlicher Kompetenzen ist für Kinder mit Mühen und Anstrengungen verbunden. Es handelt sich immerhin um einen Lernprozess, der zu allererst einmal geistige Arbeit bedeutet. Kinder müssen sich konzentrieren, müssen ihr Gedächtnis schulen, müssen nachdenken und durch ständige Wiederholungen ihren Wortschatz trainieren (vgl. Jampert 2002).

Zusätzlich müssen andere Kinder und die Erzieher nach deren Sprachen differenzieren und passgenau in der jeweils richtigen Sprache reagieren. Das alles fordert, neben neurologischen Voraussetzungen und sprechmotorischen Fähigkeiten, vom Kind selbst in erster Linie jede Menge Motivation und einen umfassenden Zugang zur Zweitsprache, viel Kommunikation in der Zweitsprache – viele Lerngelegenheiten.

Wir haben schon erfahren, dass Kinder die deutsche Sprache nicht einfach nur deshalb sprechen, weil die Umgebung sie spricht. Sie müssen auch Deutsch sprechen, sich verständigen wollen. Das heißt, das zu Lernende muss für den Lernenden bedeutsam sein. In Bezug auf Kinder, die für die häusliche Kommunikation überwiegend eine andere als die deutsche Sprache nutzen, bedeutet dies, dass sie sowohl einen Sinn darin sehen müssen, an ihrer Familiensprache festzuhalten als auch darin, die Umgebungssprache als weitere Sprache zu erwerben und zu nutzen. Die Existenz dieser beiden Sprachen allein genügt nicht, um einen kontinuierlichen, erfolgversprechenden Sprachlernprozess auszulösen.

Aber das Wollen alleine reicht nicht aus – das kennen Sie selbst sicher auch vom Sprachenlernen. Nur, weil Sie jetzt Italienisch lernen möchten, passiert noch gar nichts. Die Leistungsfähigkeit des Kindes in der jeweiligen Sprache, seine Sprachkompetenz also, hängt stark davon ab, wie intensiv dieses neue Wissen aktiviert und genutzt wird. Das Kind muss als mehrsprachiges Wesen angesehen und angesprochen werden. Es benötigt vielfältige Sprachanlässe, also die Möglichkeit, sich in verschiedenen Sprachen zu verständigen, seine Fähigkeiten und Fertigkeiten in der Sprachproduktion in jeder Sprache auszuprobieren. Eine zu geringe sprachliche Aktivierung führt dazu, dass das Kind sein sprachliches Potenzial nicht in vollem Maße ausbilden und abrufen kann.

> **Tipp**
>
> Geben Sie den Kindern ausreichenden deutschsprachigen Input: Begleiten Sie die Handlungen des Kindes sprachlich. Nutzen Sie dazu vollständige und grammatikalisch korrekte Sätze. Gestalten Sie den Tag mit vielen wiederkehrenden Abläufen und festen sprachlichen Mustern. So können sich Kinder mit Fluchterfahrung leichter orientieren und sich sprachliche Muster aneignen.

Zweitspracherwerb – Rahmenbedingungen

Keinen Druck!

Sprachen lernen sich leichter, wenn dem Lernen **positive Gefühle** zugrunde liegen. Wenn ein Kind sich angenommen fühlt – in beiden Sprachen und auch ohne Sprache. Häufig wird mit Blick auf die nahende Schulzeit zu viel Druck in Bezug auf den Deutschspracherwerb gemacht. Ein Kind braucht Zeit und Raum, die neue Sprache auszuprobieren, Fehler machen zu können!

Gut zu wissen

Das Erlernen einer zweiten oder dritten Sprache bedarf vielerlei Anstrengungen auf Seiten des Kindes. Diese Anstrengungen lohnen sich immer dann, wenn das Kind die neue Sprache nutzen kann, um sich mit anderen Kindern zu unterhalten, um Ihnen als ErzieherIn Wünsche und Begehren mitzuteilen, um Spielregeln aushandeln zu können usw. Ohne entsprechende sprachliche Anlässe und Interaktionspartner in der neuen Sprache würde ein Kind nicht die Mühen des Zweitspracherwerbs auf sich nehmen. Somit ist eine **intensive sprachliche Zuwendung** in der Zweitsprache eine wesentliche Bedingung für einen erfolgreichen Zweitspracherwerb. Dabei ist nicht nur die Anzahl der den Kindern zur Verfügung stehenden Interaktionspartner in der Familie, im Kindergarten oder auch in besuchten Vereinen, also die Quantität des Inputs, von Bedeutung, sondern vor allem auch die Qualität der sprachlichen Kontakte.

Übrigens Neben den sprachlichen Anregungen in den verschiedenen Sprachen ist es ebenfalls von Bedeutung, welche Einstellung die Eltern, Freunde und Spielkameraden oder auch Bezugspersonen des Kindes in Bezug auf die Zweitsprache oder allgemein in Bezug auf ein zweisprachiges Aufwachsen von Kindern haben. Kinder spüren sehr früh und sehr genau, ob ihre Sprache erwünscht ist oder ob sprachliche Fähigkeiten in ihrer Sprache anerkannt werden oder eben auch nicht.

Verbieten Sie Kindern nicht, sich mit anderen Kindern in ihrer Erstsprache zu unterhalten. Die Förderung und Weiterentwicklung der Erstsprache wirkt sich positiv auf die kindliche Denkentwicklung aus. Falls Ihnen der erstsprachliche Input zu stark und zu umfänglich erscheint, setzen Sie sich zu den Kindern und bringen eine neue Spielidee oder ein Angebot in deutscher Sprache ein. Sie werden merken, wie die Kinder „für Sie" nun in deutscher Sprache weiterreden.

Besonderheiten beim Zweitspracherwerb

Kinder bemerken schon früh die Gemeinsamkeiten und Unterschiede zwischen den Sprachen. Dies ist eine fruchtbare Grundlage für einen flexiblen Umgang mit Sprachen und gibt viele positive Anstöße für die geistige Entwicklung.

Beispiel

Seren (6 Jahre) spricht mit ihrer türkischen ErzieherIn über das Geschenk, das sie zum Geburtstag bekommen hat: „Ich hab von mein hala Lauras Stern bekommen." (hala: Tante väterlicherseits auf Türkisch) Nach einer kurzen Denkpause erläutert sie ihren Wechsel ins Türkische: „Ich hab hala jetzt auf Türkisch gesagt, weil es im Deutschen dafür nur ‚Tante' gibt. Aber das könnte ja auch teyze auf Türkisch heißen." (teyze: Tante mütterlicherseits auf Türkisch)

Dieses und weitere schöne Beispiele finden Sie auf der folgenden Internetseite: Landeshauptstadt Kiel, Amt für Schule, Kinder- und Jugendeinrichtungen, Interkulturelle Pädagogik (2011): Mit mehreren Sprachen aufwachsen: https://www.jugendhilfeportal.de/fileadmin/user_upload/fkp_quelle/pdf/Mit%20mehreren%20Sprachen%20aufwachsen.pdf [02.01.2017].

Beim Zweitspracherwerb ist es wichtig zu wissen, dass die Lerner die Fähigkeiten in den einzelnen sprachlichen Teilbereichen (Morphologie, Syntax, Phonologie) nicht unbedingt gleichzeitig entwickeln. Es kann sein, dass das Kind z. B. in der Morphologie sehr schnell Fortschritte macht, für den Erwerb der Syntax aber noch ein bisschen mehr Zeit benötigt.

Die Phasen des Zweitspracherwerbs

1. Phase: intuitiver Sprachwechsel Auf der Basis einer erworbenen Sprache setzt der Zweitspracherwerb nicht „bei Null" an. Die Kinder nutzen ihr Vorwissen. Dieser Rückgriff auf das Vorwissen in der Familiensprache erfolgt anfangs nicht so bewusst wie in dem oben stehenden Beispiel, sondern häufig intuitiv: vielleicht fehlt das eine oder andere Wort noch im sprachlichen Repertoire, vielleicht lässt es sich schlechter aussprechen oder es „passt" im Moment des Sprechens einfach so am besten.

In der Praxis sieht es dann so aus, dass Kinder Wörter aus der Familiensprache und der neuen Sprache nutzen – je nachdem, welches Wort in welcher Sprache bereits zur Verfügung steht oder dem Kind vorrangig einfällt, Puppe, piłka (Polnisch für Ball), araba (Türkisch für Auto), пить (pietch – Russisch für trinken). Die Nutzung erfolgt dabei noch unabhängig von den Personen, mit denen gesprochen wird, sondern eher abhängig vom Kontext, in dem das eine oder andere Wort gehört oder gelernt wurde.

2. Phase Mit zunehmender sprachlicher Übung sind die Kinder immer mehr in der Lage, die Wortschatzsysteme der verschiedenen Sprachen kompetenter auseinander zu halten. Das Kind wird sich der eigenen Verwendung mehrerer Sprachen immer bewusster. Es bemerkt aktiv, dass z. B. zu Hause und im Kindergarten unterschiedlich gesprochen wird und es beginnt häufiger nach der Übersetzung zu fragen, z. B. indem es auf Gegenstände zeigt und nach dem Namen fragt. Grammatische Strukturen werden anfangs noch nicht voneinander getrennt und oft auch noch nicht in Bezug auf die richtige Sprache angewandt, so werden beispielsweise die Artikel ausgelassen, wenn es auch in der Erstsprache keine Artikel gibt: „Ich lese Buch."

3. Phase Jetzt ist das Kind in der Lage, kompetent zwischen den verschiedenen Sprachen – je nach Umgebung – hin- und „herzuswitchen". Es tritt sowohl in seiner Wortwahl als auch beim Benutzen grammatischer Strukturen sicher auf und zeigt sich erfolgreich mehrsprachig in kommunikativen Prozessen.

> **Gut zu wissen: Code switching**
>
> Im Verlauf des Zweitspracherwerbs beginnen Kinder damit, Wörter (meist Nomen) aus der Erstsprache in die Zweitsprache einzuflechten. So werden einzelne anderssprachige Worte in den Sprachfluss gemischt = Codeswitching. Das passiert besonders häufig am Anfang des Spracherwerbprozesses, vor allem dann, wenn die Kinder aufgrund mangelnden Wortschatzes in Äußerungsnot geraten und sich in dem Moment nicht anders zu helfen wissen, als auf ihre Erstsprache zurückzugreifen, um den „Fluss ihres Redebeitrages aufrechtzuerhalten" (Tracy, 2007). Das ist ein ganz normaler Teil des Zweitspracherwerbs und die Häufigkeit nimmt mit zunehmender Sprachkompetenz ab. Allerdings können unbewusste Sprachmischungen auch bei kompetent bilingualen Erwachsenen beobachtet werden.

Einfluss der Familiensprache auf den Zweitspracherwerb

Während des Zweitspracherwerbs beeinflussen sich die verschiedenen Sprachen oft gegenseitig. Der Einfluss der jeweiligen Erstsprache kann sich sowohl hemmend als auch fördernd auf den Lernprozess der Zweitsprache auswirken.

Fördert die Übertragung der erstsprachlichen Regeln auf die Zielsprache den Lernprozess, wird dies als **positiver Transfer** bezeichnet. Ein positiver Transfer tritt immer dann auf, wenn gewisse Strukturen der Muttersprache eine Entsprechung in der

Zweitsprache aufweisen. Wenn eine Gemeinsamkeit zwischen Erst- und Zweitsprache besteht und die Übertragung der muttersprachlichen Regeln zu einer zielsprachlichen Äußerung führt. Das ist z. B. der Fall, wenn ein Kind den deutschen Satz „Ich bin 5 Jahre alt" wörtlich ins Englische übersetzt und die zielsprachliche Form „I am 5 years old" produziert. Der Satz kann eins zu eins übersetzt werden.

Erstsprachliche Strukturen können den Transfer aber auch hemmen. Negativer Transfer liegt z. B. dann vor, wenn ein Franzose den Satz „J'ai 20 ans" (Ich bin 20 Jahre alt) vom Französischen wörtlich ins Deutsche übersetzt und dies zu einer nichtzielsprachlich-korrekten Form führt wie „Ich habe 20 Jahre". Dieser negative Transfer wird als Interferenz bezeichnet.

6.5 Den Kita-Alltag für Kinder ohne Deutschkenntnisse gestalten

Bei all dem theoretischen Hintergrundwissen stellt sich für Sie als ErzieherIn Tag für Tag immer wieder eine wichtige Frage: Wie kann ich den Kita-Alltag so gestalten, dass auch die Kinder, die nur über wenige oder über noch gar keine Deutschkenntnisse verfügen, möglichst umfassend und selbstbestimmt teilhaben können. Wie werde ich speziell diesen Kindern gerecht, wenn das wichtigste Kommunikationsmittel: die Sprache fehlt?

Gut zu wissen

Um überhaupt ins Gespräch kommen zu wollen, müssen Kinder sich sicher und angenommen fühlen. Zum Aufbauen einer solchen emotionalen Beziehung, in der die Kinder sich wohlfühlen können, benötigen Sie nicht unbedingt die verbale Sprache. Greifen Sie auf die Ihnen zur Verfügung stehenden vielfältigen nonverbalen Signale zurück: Mimik und Gestik, Körperkontakt und kontextuelle Hinweisreize.

ErzieherInnen als deutsch-sprachiges Vorbild

ErzieherInnen sollten bei allem Verständnis für die Wichtigkeit der Erstsprache des Kindes darauf achten, im Umgang mit den Kindern vom ersten Tag an deutsch zu sprechen. Für deutsch sprechende ErzieherInnen ist dies sicher keine große Herausforderung.

Achtung

Wenn Sie als ErzieherIn mehrere Sprachen sprechen, könnte es sein, dass Sie die Gelegenheit nutzen, mit Kindern in ihrer Erstsprache zu kommunizieren. Was anfangs als gut gemeinte Hilfe gedacht ist, könnte sich letztendlich aber als Nachteil herausstellen, denn Kinder „lernen" sehr schnell, mit wem sie in welcher Sprache sprechen können. So fällt diesen Kindern die Umstellung auf die deutsche Sprache im Nachhinein oft deutlich schwerer.

Hier einige Praxistipps mit denen Sie ein gutes Sprachvorbild sind

- Seien Sie für das Kind da, voller Empathie, Wärme, Geduld und Liebe.
- Begleiten Sie möglichst viele Ihrer Handlungen oder die Handlungen, mit denen das Kind beschäftigt ist, sprachlich. Nutzen Sie dabei ganze und auch komplexe Sätze, damit das Kind neben dem Wortschatz auch die grammatischen Strukturen kennenlernen kann.
- Sprechen Sie, singen Sie, lesen Sie, spielen Sie – die Worte, die das Kind nicht hört, kann es auch nicht sprechen – wir haben keine Möglichkeit, durch Logik auf unbekannte Worte zu kommen. (Wenn ich das Wort für Stuhl kenne, kann ich nicht durch Überlegen allein andere Gegenstände bezeichnen, wie einen Tisch z. B. – ich muss das Wort „Tisch" von jemandem hören.)
- Nutzen Sie beim Sprechen Ihre prosodische Kompetenz: Das bedeutet, dass Sie ihre Aussprache bewusst betonen – übertreiben Sie auch mal, sprechen Sie beim Vorlesen mit verschiedenen Sprechrollen: die Maus spricht anders als der Elefant.
- Nutzen Sie Mimik und Gestik zum Verdeutlichen des gesprochenen Wortes.
- Lesen Sie dem Kind nicht jeden Wunsch „von den Augen ab", lassen Sie ihm stattdessen Zeit auszuprobieren, ob es seinen Wunsch formulieren kann und loben Sie es für jeden Versuch.
- Verbieten Sie den Kindern nicht, sich mit anderen Kindern in ihrer Erstsprache zu unterhalten – die Förderung und Weiterentwicklung der Erstsprache wirkt sich positiv auf die kindliche Denkentwicklung aus. Falls Ihnen der erstsprachliche Input zu stark und zu umfänglich wird, setzen Sie sich zu den Kindern und bringen eine neue Spielidee oder ein Angebot in deutscher Sprache ein.
- Bieten Sie dem Kind verschiedene Sprachanlässe und lassen Sie dem Kind die Wahl, diese Anlässe anzunehmen.
- Akzeptieren Sie das Schweigen und Nicht-Antworten.

Futter, Futter, Futter

Wir können Kinder nicht „totquatschen" – wohl aber sprachlich verhungern lassen. Deshalb sollten wir ihnen einen ausreichenden sprachlichen Input bieten. Das ist ganz besonders entscheidend für den Lexik-(Wortschatz-)Erwerb.

Sprechen Sie, singen Sie, lesen Sie, spielen Sie – die Worte, die das Kind nicht hört, kann es auch nicht sprechen.

Begleiten Sie Ihre Handlungen oder die Handlungen, mit denen das Kind beschäftigt ist, sprachlich – in ganzen und auch komplexen Sätzen.

Dialoge sind gut geeignet, um die Sprache des Kindes zu beobachten und zu unterstützen. Stellen Sie Forscherfragen (Was denkst du, warum …?) und Spekulierfragen (Was wäre, wenn …?).

Strukturierter Tagesablauf auf Bildern

Rituale und fest definierte Abläufe strukturieren den Kita-Alltag. Für Kinder ohne ausreichende Deutschkenntnisse sind diese Strukturen wichtig, um auch „ohne Sprache" folgen zu können. Zudem sollte der Tagesablauf grafisch dargestellt werden. So haben die Kinder eine Möglichkeit, auch mit den Eltern über die Abläufe sprechen zu können. Hier einige hilfreiche Beispiele.

Den Kita-Alltag für Kinder ohne Deutschkenntnisse gestalten

> **Praxisbeispiele: Bildunterstützter Spracherwerb**
>
> - *Selbst fotografierte Bilder zu alltäglichen Situationen an der Wand auf Augenhöhe der Kinder.*
> - *Fotos und Namen aller Kinder, ErzieherInnen und MitarbeiterInnen, so kann das Kind Bezug nehmen, auch wenn es sich den Namen noch nicht gemerkt hat oder diesen noch nicht aussprechen kann.*
> - *In (teil-)offenen Eichrichtungen können auch die verschiedenen Funktionsräume auf Bildern festgehalten werden – so haben die Kinder eine Chance, ihre Wahl nonverbal mitzuteilen.*
> - *Beliebte Lieder oder Spiele können als Piktogramm oder Bild (vielleicht sogar von den älteren Kindern selbst gemalt) dargestellt werden – so können auch Kinder ohne ausreichende Deutschkenntnisse ein Lied/Spiel für den Morgenkreis auswählen – Es wären auch Gegenstände möglich, die das Lied/Spiel symbolisieren.*

Trotz der bildlichen Darstellung sollten Sie die verschiedenen Abläufe und Wahlmöglichkeiten immer wieder auch sprachlich begleiten, nur so kann das Kind seinen Wortschatz erweitern und seine gelernten Worte mit „semantischem Inhalt" – also mit Wortbedeutungen – füllen.

Sprachliche Routinesituationen z. B. im Morgenkreis zum Üben nutzen

Tag für Tag ergeben sich wiederkehrende Handlungsroutinen, die sprachlich untermalt sind, z. B. beim Begrüßen, wenn Kinder sagen, wie sie fühlen, wenn sie um etwas bitten oder nach etwas fragen möchten. Diese sprachlichen Redewendungen/Floskeln werden in der Regel schnell von Kindern verstanden – insbesondere dann, wenn Sie die Redewendung in Lied- oder Versform rhythmisch oder auch mit Gesten begleiten. Kinder üben diese Redewendungen danach häufig in Rollenspielen alleine für sich oder gemeinsam mit ein oder zwei anderen Kindern. Hierzu zählen beispielsweise:

- Begrüßungslieder (gerne auch mehrsprachig, bitten Sie die Eltern um Mithilfe)
- Abzählreime
- Vorstellreime
- Bilder zu Stimmungen und Gefühlen („Ich bin heute glücklich", „Ich bin heute traurig")
- Bildkarten zum Wetter („Heute ist es warm", „Die Sonne scheint", „Es ist wolkig") und zur Jahreszeit

Sprache

Praxisbeispiel: Gefühlekarten

Zahlreiche ErzieherInnen nutzen die in der Praxis für die Erklärung von Gefühlen bewährten Gefühlekarten, mit deren Hilfe besonders eingängig 120 positive und negative Gefühle bildlich dargestellt werden (Botved, A. / Gräßer, M. / Hovermann jun., E. (2016): Gefühle benennen mit Kindern und Jugendlichen. Kartenset mit 120 Bildkarten. Weinheim/Basel: Beltz). Der Vorteil dieser Gefühlekarten liegt in der besonders ansprechenden Darstellungsweise, die von Kindern gerne genutzt und aufgenommen wird. Eine weitere Möglichkeit bietet der Einsatz von Gefühleskalen. Hiermit können z. B. das Befinden, die Bewertung einer Aktivität oder das Mögen/Nichtmögen von Mahlzeiten ohne Sprache auf einer mehrstufigen Skala beurteilt werden, wovon auch die anderen Kinder der Gruppe sehr gut profitieren können.

Praxisbeispiel: Rating-Skalen

Eine weitere Möglichkeit bietet der Einsatz von Gefühleskalen (Gräßer, M. / Hovermann jun., E. / Botved, A. (2017): Rating-Skalen für die Kinder- und Jugendlichenpsychotherapie. Weinheim/Basel: Beltz). Hiermit können z. B. das Befinden, die Bewertung einer Aktivität oder das Mögen/Nichtmögen von Mahlzeiten ohne Sprache auf einer mehrstufigen Skala beurteilt werden, wovon auch die anderen Kinder Ihrer Gruppe sehr gut profitieren können. Es gibt Skalen zu den Grundgefühlen: Angst, Ekel, Freude, Scham, Trauer, Wut sowie zu Schmerzen und der erlebten Belastung. Außerdem gibt es auch für kleine Kinder gut geeignete Skalen wie z. B. das Wetter oder große Smileys.

Sprachförderung durch Fragen und Dialoge

Spracherwerb vollzieht sich immer in bedeutungsvollen Dialogen! Diese Dialoge sind durch eine wechselseitige Bezogenheit gekennzeichnet. Das heißt, die Dialogpartner nehmen abwechselnd mal die Sprecher- und dann wieder die Zuhörerrolle ein. Die Fähigkeit, an diesen (sprachlichen) Austauschprozessen teilzunehmen und diese aktiv einzufordern, besitzen schon sehr kleine Kinder mit wenigen Monaten. Bevor Kinder sprechen können, lieben sie es, ihre Eltern mit Lall-Ketten und brrr-Lauten zum Nachahmen und Mitmachen zu bekommen. So entstehen zeitlich aufeinander abgestimmte, Kommunikationsformen als Vorläufer für spätere sprachliche Dialoge. Diese sind emotional positiv belegt und sowohl für die Sprachentwicklung als auch für die sozial-emotionale Entwicklung des Kindes bedeutsam. Für Kinder ist es sehr wichtig, dass ihre Signale wahrgenommen werden und dass angemessen auf sie reagiert wird. Dialogsituationen beflügeln die kindliche Sprachentwicklung. Mithilfe unterstützender Verhaltensweisen der erwachsenen Gesprächspartner verfeinern Kinder allmählich ihre kommunikativen und diskursiven Fähigkeiten, sie erweitern und vertiefen den Wortschatz und lernen grammatische Regeln kennen und anzuwenden.

Den Kita-Alltag für Kinder ohne Deutschkenntnisse gestalten

Praxisbeispiel: Hosentaschendialoge

Auch kurze Dialoge können intensiv und reichhaltig sein. Haben Sie keine Angst, dass ein Dialog lange andauern muss. Vielmehr geht es um Ihre ungeteilte Aufmerksamkeit, die das Kind in der Zeit des Dialoges spüren sollte. Solche intensiven Dialogsituationen ergeben sich häufig am Tag. Achten Sie darauf, dass Sie diese Sprachangebote nutzen.

Dies geht in der Regel ganz einfach und Sie tun dies sicher bereits ganz automatisch, indem Sie beispielsweise Forscherfragen („Was denkst du, warum …?") und/oder Spekulierfragen („Was wäre, wenn …?") stellen. Seien Sie also ganz im Sinne der Sendung mit der Maus unterwegs.

Wenn Sie junge Kollegen oder Praktikanten haben, die noch nicht so sicher wie Sie selbst mit diesen Fragen umgehen, dann gibt es die sogenannten Hosentaschendialoge (www.hosentaschen-dialoge.de), die eine gute Hilfe und Unterstützung für solche Sprachangebote darstellen. Es gibt hierbei ganze Fragesätze zu den Themenbereichen: Buddeln, Anziehen, Spazieren, Essen und Waschen.

Gespräche mit Kindern: Ihre 6-Punkte-Routine für jeden Tag

1. Ich nutze Alltagssituationen, um mit Kindern ins Gespräch zu kommen.
2. Ich komme mehrmals am Tag mit jedem Kind einzeln ins Gespräch.
3. Ich begleite viele Situationen und Handlungen sprachlich.
4. Ich stelle viele offene Fragen und ermutige Kinder so, selbst zu formulieren.
5. Ich biete Kindern Raum, auch länger und zusammenhängend zu erzählen.
6. Ich singe täglich und verknüpfe das Singen auch mit Bewegungen.

Das bin ich – Das ist meine Familie

Vielen Kindern hilft es, ein Heft oder Büchlein mit Bildern von sich und seiner Familie zu haben. Denken Sie daran, dass Familien mit Fluchterfahrung eventuell keine Fotos und Aufnahmen mitbringen konnten. Wenn es möglich ist, sollte auch für diese Kinder ein Büchlein gestaltet werden, eventuell mit ausgedruckten Handyaufnahmen. Auch Bilder von religiösen oder kulturellen Festen oder von den Lieblingsspeisen der Kinder sollten Platz in diesem Büchlein finden. Jedes Bild bietet diverse Sprechanlässe und den Ausgangspunkt für Monologe und Dialoge der Kinder untereinander und mit Ihnen.

Nehmen Sie die Eltern mit ins Boot

Eltern sind auch beim Spracherwerb Ihre Verbündeten. Ohne die Festigung und Weiterführung der Erstsprache können die Kinder die neue Sprache nicht erfolgreich lernen. Kinder benötigen vielfältige Gelegenheiten, beide Sprachen zu hören und sich in beiden Sprachen auszudrücken. Deshalb ist es wichtig, die Sprachbiografie des Kindes mit den Eltern zu besprechen – als zweiseitiger Prozess. Denn wichtig sind nicht nur die deutschsprachigen Fähigkeiten, die Sie im Kindergarten beobachten und einschätzen. Durch die enge Verflechtung zwischen erst- und zweitsprachlichen Kompetenzen ist es von entscheidender Bedeutung, auch über die Situationen zu sprechen, in denen das Kind in der Familiensprache spricht und die Lernfortschritte in dieser Sprache zu thematisieren.

Fragen für das Elterngespräch:
- Wie spricht das Kind gewöhnlich zu Hause?
- Welche Sprachen sprechen die Eltern/Großeltern oder weitere Familienangehörige?
- Wann oder mit wem spricht das Kind in welcher Sprache?
- Gibt es im familiären Umfeld deutschsprachige Kontakte?

Wenn im Elterngespräch nur die deutschsprachigen Fähigkeiten thematisiert werden, wird den Eltern das Gefühl vermittelt, die Familiensprache sei nicht so wichtig. Genau dies sollte Ihnen nie passieren.

6.6 Sprachübungen für die ganz Kleinen

Praxisbeispiele: Sprachübungen

Krabbel-/Fingerspiele und Abzählreime
Krabbel- und Fingerspiele oder auch Kinder- und Abzählreime werden seit Generationen überliefert und verbinden Sprache und Rhythmus mit der dazugehörigen Bewegung.

Krabbelspiele
Bei Krabbelspielen bewegt der Erwachsene seine Finger am Körper des Kindes entlang und spricht langsam, oft mit ganz besonderer Betonung, einen kleinen Spruch. Krabbelspiele enden meist in einer besonderen Aktion oder Pointe wie Kitzeln, Kneifen oder Zupfen. Schon mit ganz kleinen Kindern sollten Krabbelspiele durchgeführt werden, denn die liebevolle Zuwendung und sanfte körperliche Berührung fördern den Aufbau der Beziehung. Bereits nach wenigen Wiederholungen erkennen selbst kleine Kinder den Reim wieder und warten mit Spannung auf das Ende.

Abzählverse
Auch Abzählverse finden im Alltag immer wieder Verwendung, z. B. wenn entschieden werden soll, wer etwas zuerst machen darf. Sie gehören deshalb ebenfalls zur alltagsbegleitenden Sprachförderung.

Fingerspiele
Fingerspiele faszinieren Kinder, denn sie lieben Wiederholungen und ritualisierte Handlungen. Durch die Vertrautheit und Vorhersagbarkeit geben sie ihnen Sicherheit und Zuversicht. Fingerspiele fördern neben Wortschatz und Rhythmusgefühl auch die Feinmotorik der Kinder. Besonders viel Spaß machen Fingerspiele, die zusätzlichen Anlass zum Verstellen der Stimme, zum Lauter- und Leisersprechen oder auch zum immer Schnellerwerden ermuntern.

Sprachübungen für die ganz Kleinen

Sprachspiele

Gerade die alten – und oft in Vergessenheit geratenen – Sprachspiele, bieten den Kindern jede Menge Spaß und Lernen. Denn hier werden viele verschiedene Sprachelemente völlig unauffällig geübt: Das Lernen ist Nebeneffekt und nicht Zweck des Spiels. Im Spiel wird die Stimme trainiert, die Koordination von Atmung und Artikulation, der Wechsel im Sprechrhythmus, die Wahrnehmung und das Gedächtnis, das Symbolisieren, das Imitieren von anderen Sprechweisen, das Lösen von Problemen und Eindenken in andere Personen, Sprechbewegungen, die Herstellung von Wissen und vieles mehr. Sprachspiele trainieren das Gedächtnis und erweitern die Aufmerksamkeitsspanne, rhythmisieren den Sprechfluss, koordinieren Atmung und Artikulation und unterstützen auf dem Weg zur Grammatik. Die Kindworte wie Mama, Papa, Wauwau, Hoppe hoppe, die wir in vielen Sprachspielen finden, geben der Sprache durch ihre doppelsilbige Struktur jede Menge Rhythmus. Sie unterstützen die Kinder auf dem Weg zur phonologischen Bewusstheit. Daneben erleichtern sie die Verbindung von Symbol und Gegenstand.

Spiellieder

Spiellieder sind bei allen Kindern schon seit langer Zeit beliebt. Sie verbinden die Freude an der Musik mit der Freude an der Sprache und an der Bewegung. Meist sind sie leicht zu singen und einfach im Text und haben eine eingängige, leicht zu reproduzierende Melodie mit einem kleinen Tonumfang. Der einfache Refrain und die kurzen Strophentexte wechseln sich ab. Je nach Altersstufe, für die die Lieder gedacht sind, gestalten sich die gespielten Szenen von sehr leicht bis schwierig. Die zu den Spielliedern gehörenden Bewegungen können je nach Alter und Bewegungskompetenz variiert werden.

Wie bei allen Liedern sollten Sie immer mal wieder überprüfen, ob die Kinder die Bedeutung der Worte, von denen in den Spielliedern die Rede ist, noch kennen. Häufig lernen die Kleinen die Lieder „einfach so", ohne aber immer zu wissen, was die Worte eigentlich bedeuten.

6.7 Vorlesen und Bilderbücher

Gerade die Bilderbuchbetrachtung bietet Ihnen als ErzieherIn, aber auch den Eltern und älteren Geschwistern, vielfältige Möglichkeiten, die sprachlichen Fähigkeiten und Fertigkeiten der Kleinen zu erweitern. Bilderbücher können sowohl in einer Eins-zu-eins-Situation als auch in einer Kleingruppe mit mehreren Kindern angeschaut und vorgelesen werden. Sie bieten Möglichkeiten zum Ankuscheln und zur direkten Ansprache und ermöglichen so eine intensive altersgerechte sprachfördernde Atmosphäre.

Bücher mit Text wirken intensiv, wenn beim Vorlesen oder Erzählen Stimme, Mimik und Gestik intensiv mit eingesetzt werden, um die Geschichten möglichst lebendig und emotional zu gestalten.

Das Vorlesen oder Erzählen der Geschichte ist geprägt von Pausen, reduziertem Sprechtempo und zwischenzeitlichem Herstellen eines Blickkontaktes. Nur so können Sie als VorleserIn beurteilen, ob die Kinder noch interessiert sind.

Bei kleineren Kindern oder Kindern mit Migrationshintergrund sollten Sie solche Bücher auswählen, auf denen pro Seite nur wenig Aktion stattfindet. Auch Bilderbücher ohne Text können gemeinsam betrachtet und mit der Benennung der Abbildungen verbunden werden.

Dialogisches Vorlesen

Eine besonders wichtige Form der Bilderbuchbetrachtung ist das dialogische Vorlesen. An erster Stelle steht hier das Gespräch über das Buch, wobei der Inhalt bzw. Text zunächst eine eher nebensächliche Rolle spielt. Wichtig dagegen ist, dass das Kind zum Erzählenden der Handlung wird, während Sie als Erwachsener zum aktiven Zuhörer werden. Sie stellen Fragen, geben Impulse, loben und erweitern die Antworten der Kinder. Dabei führen Sie das Kind (meist unbewusst) auf eine höhere sprachliche Entwicklungsstufe. Mit dieser stützenden Sprache helfen Sie dem Kind zur leichteren, schnelleren Entwicklung seiner sprachlichen Fähigkeiten. Hauptsächlich genutzte Form hierbei ist der Dialog, ohne Abfragecharakter. Stellen Sie dabei offene Fragen wie z. B.:

- Was passiert denn da?
- Was sehen wir denn hier alles?

Akzeptieren Sie auch ein Muh für die Kuh und geben Sie dem Kind direkt die Information „Ja, das ist eine Kuh" oder „Schau mal, die Kuh hat Flecken" oder ähnliches.
Im Vordergrund stehen stets die Freude am gemeinsamen Betrachten und der Austausch. Auch hier gilt die Aussage „Inhalt geht vor Form".

Praxistipp

Sie können die Geschichten aus den Bilderbüchern auch via Diaprojektor oder Beamer an die Wand „werfen". Viele Kinder, die von Büchern nicht so begeistert sind, lassen sich von den Geschichten an der Wand, oder auch von einem Bilderbuchkino, einem Kamishibai (japanisches Tischtheater) mitreißen. Probieren Sie es einfach einmal aus.

6.8 Sprachfördernde Handlungsgeschichten und Fantasiereisen

Handlungsgeschichten, in denen die Kinder z. B. mithilfe einer Handpuppe, die ganzen „Sprachabenteuer" durchspielen und damit „hautnah" miterleben können, ermöglichen eine alltagsintegrierte Förderung folgender ganz unterschiedlicher Bereiche:

- auditive Wahrnehmung
- Mundmotorik
- Artikulation
- Wortschatz
- Satzbildung
- Grammatik

Dabei bildet der Austausch bzw. Dialog der Handpuppe mit den Kindern den kommunikativen Rahmen der Geschichte. Da die Handpuppe häufig viele Dinge „noch nicht weiß", ergibt sich für die Kinder automatisch die Notwendigkeit, langsam und deutlich zu sprechen oder etwas, was die Handpuppe nicht verstanden hat, noch genauer zu erklären.

Da Kinder sehr gern „verreisen" – also mit einem „Fantasiegefährt" (Flugzeug, Zauberteppich, Schiff, Kinderbus usw.) in den Dschungel, auf einen Planeten oder in die Wüste fahren, um dort „Abenteuer" zu erleben – ist es besonders empfehlenswert, wenn Sie solche Fantasiereisen als Ausgangspunkt für die Handlungsgeschichte nehmen.

Die besuchten „Orte" sollten sich dabei aus dem Alltag der Kinder ergeben, Sie können natürlich im Rahmen eines interkulturellen Ansatzes auch die Heimatländer der Kinder mit Migrationshintergrund sehr gut einbeziehen. Hierfür können Sie ggf. gemeinsam mit den Eltern Materialien zusammenstellen. Es ist auch möglich, die Eltern an der Fantasiereise teilnehmen zu lassen. So haben Sie auch die Chance, Lieder, Spiele, Tänze, Geschichten in der Landessprache mit einzubeziehen.

Bei Reisen an die unterschiedlichsten Orte (z. B. zum „Hüpf-Planet", wo alle sich hüpfend fortbewegen) lernen alle Kinder neue Dinge kennen. Die Länge der Geschichte kann beliebig gestaltet werden, sollte aber die Aufnahmefähigkeit der Kinder nicht übersteigen. Erfahrungsgemäß eignet sich am besten ein Zeitraum von maximal 20 Minuten.

Praxisbeispiel: Erzählwürfel

Erzählwürfel eignen sich hervorragend als Erzählanlass in Kindergruppen. Sie können diese ganz einfach individuell selbst gestalten und so für unterschiedliche Themen nutzen. Schon bei der Gestaltung können Sie die Kinder aktiv mit einbeziehen, indem sie mitentscheiden, was auf den sechs Würfelseiten abgebildet werden soll. Größere Kinder können die benötigten Bilder auch selber malen. Der fertige Würfel dient nun als „Ausgangspunkt" für die Geschichte. Bei größeren Kindern können Sie auch zwei oder drei Würfel benutzen. Aufgabe ist es dann, aus den drei Bildern eine Geschichte entstehen zu lassen.

Die Größe der Würfel kann ebenfalls ganz unterschiedlich sein von der kleinen „Brettspielgröße", über etwas größere Formen bis hin zu ganz großen Schaumstoffwürfeln, die „Einstecktaschen" haben, in die Sie gemalte oder andere Bilder hineinstecken können und diese somit auch jederzeit wieder wechseln können.

Sogenannte Mimik-Würfel, auf denen jeweils unterschiedliche Gefühle in Smileyform abgebildet sind, können Sie ebenfalls sehr gut zur Benennung von Gefühlen nutzen (z. B. finden Sie sehr schön gezeichnete Mimik-Würfel in unterschiedlichen Größen auf folgender Internetseite: www.neues-spielen.de/html/mimurfel.html).

7 Traumapädagogik

von Melanie Gräßer und Eike Hovermann

Als Fachkraft in der Kita stehen Sie immer wieder vor der Herausforderung, mit Kindern, die kleinere und größere Probleme haben, zu arbeiten. Wenn Sie Kinder mit Migrations- und Fluchterfahrung in Ihrer Kita aufgenommen haben, dann kommen möglicherweise neben den im vorherigen Kapitel ausführlich beschriebenen sprachlichen Aufgaben noch weitere Herausforderungen auf Sie zu. Experten gehen davon aus, dass ein großer Teil der geflüchteten Kinder traumatische Belastungen noch in ihrem Heimatland und/oder auf der Flucht erlebt haben und unter diesen mehr oder weniger stark leiden. Leider gibt es bisher wenig bis keine Studien, die explizit sehr junge Kinder mit Fluchterfahrung untersuchen. Die Studienlage zeigt aber, dass die Lebensumstände mit psychischen Auffälligkeiten im Zusammenhang stehen und dass Kinder mit Migrations- und Fluchterfahrung eine erhöhte Auffälligkeit für psychische Störungen haben. Einigkeit herrscht auch darüber, dass **die Folgen eines Traumas umso größer sind, je jünger ein Mensch ist** (Scheeringa et al. 2003; Steil 2009).

7.1 Was ist ein Trauma und woran erkennen Sie es?

Damit Sie als ErzieherIn ein Gefühl dafür bekommen, was ein Trauma aus psychotherapeutischer Sicht ist, haben wir für Sie den Begriff Trauma definiert.

Trauma

Der Begriff Trauma kommt aus dem Griechischen und bedeutet Wunde. Sie können sich dies bildhaft als eine Art Verletzung der „Seele" vorstellen. Hierbei kann es zu einer Überforderung der normalerweise vorhandenen psychischen Schutzmechanismen des Menschen durch ein traumatisierendes Erlebnis kommen. Traumatisierend können sein:
- Allgemeine Ereignisse, wie z. B. schwere Unfälle, Erkrankungen und Naturkatastrophen
- Erfahrungen starker psychischer, körperlicher und/oder sexueller Gewalt
- Schwere Verlust- und Vernachlässigungserfahrungen

Der Begriff Trauma wird häufig in Bezug auf ganz unterschiedliche als leidvoll erlebte Vorkommnisse verwendet. Dies geschieht, um zu betonen, dass es sich hierbei um eine besondere Belastung für den Betroffenen gehandelt hat.

Im psychotherapeutischen/medizinischen Fachbereich ist der Begriff aber viel enger definiert und schließt nur Ereignisse mit ein, die:
- objektiv „mit außergewöhnlicher Bedrohung oder katastrophenartigem Ausmaß" (Dilling/Mombour/Schmidt 2014) einhergehen oder „die tatsächlichen oder drohenden Tod, tatsächliche oder drohende ernsthafte Körperverletzung oder eine Bedrohung der körperlichen Unversehrtheit von einem selbst oder anderen" (Saß/Wittchen/Zaudig 1998) einschließt, sowie
- subjektiv „bei fast jedem eine tiefe Verzweiflung hervorrufen würde" (Dilling/Mombour/Schmidt 2014) beziehungsweise mit „starker Angst, Hilflosigkeit oder Grauen" erlebt wurde.

Posttraumatische Belastungsstörung (PTBS)

Kurz nach dem Erleben eines schrecklichen Ereignisses sind viele Menschen traumatisiert. Das bedeutet, dass sie geschockt und innerlich stark damit beschäftigt sind, das Erlebte zu verarbeiten. Diese Reaktion ist ganz verständlich, weil sie sich in ihrem Leben bedroht oder sich verzweifelt und ohnmächtig gefühlt haben. Vielen Menschen gelingt es, auch stark belastende Erlebnisse zu verarbeiten und ihre Beschwerden lassen mit der Zeit nach. Das gelingt jedoch nicht allen Menschen. Bei einer Traumatisierung schaffen es viele Menschen nicht, ohne fremde Hilfe wieder aus den andauernden Erinnerungen herauszukommen. Abstand hilft hierbei nicht und auch „die Zeit" heilt diese Wunden nicht. Sie können sich das vorstellen, wie eine infizierte körperliche Wunde, die nicht von alleine verheilt, sondern im schlimmsten Fall immer wieder aufgeht, zu Komplikationen führt und professioneller ärztlicher Hilfe bedarf. Woran liegt das?

Folgen des Erlebens eines Traumas:
- Traumatische Erlebnisse können nicht wie andere Erlebnisse abgespeichert werden,
- sie haben häufig keine zeitlich richtige Reihenfolge,
- sie sind lückenhaft oder bestehen nur aus Bruchstücken.

Traumatische Erinnerungen führen ein Eigenleben und bleiben häufig sehr lang lebendig und quälend für den Betroffenen. Reaktionen auf ein Trauma können unmittelbar nach dem traumatischen Erlebnis, Tage danach und sogar erst viele Wochen später auftreten.

7.2 Posttraumatische Belastungsstörung (PTBS)

Es kann sein, dass es durch das erlebte Trauma zur Entwicklung einer posttraumatischen Belastungsstörung kommt. Ungefähr die Hälfte der Menschen, die Krieg, Vertreibung oder Folter erlebt haben, erkrankt früher oder später an diesen traumatischen Erlebnissen.

Es ist erwiesen, dass lang andauernde, von Menschen verursachte traumatische Ereignisse die schwerwiegendsten Auswirkungen auf die psychische Gesundheit haben!

Ärzte und Psychotherapeuten sprechen von einer posttraumatischen Belastungsstörung, wenn folgende Symptome länger als einen Monat bestehen:

- Wiedererleben des Ereignisses im Spiel oder traumaspezifische Albträume oder Flashbacks (Wiedererleben des Erlebten) oder Stress, ausgelöst durch Ereignisse, die dem Trauma ähneln oder dieses symbolisieren
- Übermäßige Erregbarkeit, Schreckhaftigkeit und Reizbarkeit
- Regressives Verhalten (Entwicklungsrückschritte, z. B. erneutes Einnässen, Daumenlutschen usw., obwohl diese Entwicklungsschritte bereits erfolgreich bewältigt waren)
- Schlafstörungen
- Konzentrationsstörungen
- Dauerhaftes Vermeiden von Orten oder Situationen, die an das traumatische Ereignis erinnern
- Teilnahmslosigkeit (z. B. kann das Interesse an Dingen, die früher wichtig waren, verloren gehen)
- Entfremdungsgefühl von anderen Menschen
- Auftreten von Gefühlen, wie das Gefühl, innerlich tot zu sein oder sich unfähig zu fühlen oder überhaupt keine Gefühle zu haben

Traumatisierung erkennen

Bei der obigen Symptomauflistung sind Sie vielleicht schon innerlich Ihre Kinder in der Gruppe „durchgegangen" und haben vermutlich das eine oder andere Symptom wiederentdeckt.

Achtung

Nur weil eines oder mehrere Symptome zutreffen, heißt das nicht automatisch, dass bei einem Kind eine Posttraumatische Belastungsstörung vorliegt. Aber, es kann sein!
Wenn Sie den Verdacht haben, dass eines Ihrer Kinder betroffen sein könnte, dann ist es wichtig, dass Sie mit Ihrem Team sprechen und gemeinsam überlegen, wie Sie vorgehen wollen. Vielleicht gibt es auch einen speziellen Ablaufplan, wie in Ihrer Einrichtung mit Verhaltensauffälligkeiten bei Kindern umgegangen wird, dann können Sie diesen in der Regel anwenden. Wichtig ist, dass Sie nicht alleine versuchen, dem Kind zu helfen, sondern im Zweifelsfall immer auf professionelle Hilfe zurückgreifen (vgl. Kap. 7.5).

Bei vielen Kindern und Erwachsenen kann nach einem traumatischen Erlebnis beobachtet werden, dass das Vertrauen in Erwachsene schwindet. Genauso kann es zur Entwicklung starker Ängste kommen, dass dasselbe Ereignis noch einmal passieren könnte.
Bei den anderen weiteren möglichen Reaktionen kommt es sehr stark auf das jeweilige Alter und die jeweiligen Umstände an. Kinder reagieren ganz unterschiedlich auf traumatische Erlebnisse und noch dazu jedes Kind auf seine ganz eigene Art und Weise.

Typische Reaktionen von Kindern unter 5 Jahren sind

- Angst, von den Eltern getrennt zu werden, auch nur bei ganz kurzer Trennung von den Eltern
- Schreien
- Wimmern
- Erstarrung
- Ungezielter Bewegungsdrang
- Zittern
- Ängstlicher Gesichtsausdruck
- Extremes Anklammern

In der Regel können Sie bei traumatisierten Kindern grob zwischen internalisierendem und externalisierendem Verhalten unterscheiden:

Hier einige Beispiele

Internalisierendes Verhalten (eher in sich gekehrtes Verhalten), wie z. B.:
- *Rückzug*
- *Niedergeschlagenheit*
- *Traurigkeit*
- *Angst, dass wieder etwas Schlimmes passiert*
- *Starke Trennungsangst von den Eltern*

Externalisierendes Verhalten (eher nach außen gerichtetes Verhalten), wie z. B.:
- *Unruhe*
- *Aggressivität*
- *Überaktivität*
- *Konzentrationsprobleme*

Achtung: Kinder mit internalisierendem Verhalten werden häufig nicht als „auffällig" wahrgenommen, weil sie nicht „stören".

7.3 Der Kontakt mit einem traumatisierten Kind

Was brauchen Kinder, die geflüchtet und möglicherweise traumatisiert sind? Das Allerwichtigste, was diese Kinder benötigen, ist Sicherheit. Es ist eigentlich die Aufgabe der Eltern, diese zu vermitteln. Nun ist die Frage, ob ein Kind alleine, nur mit einem Elternteil oder einem anderen Angehörigen oder mit beiden Eltern gemeinsam geflüchtet ist. Sie als ErzieherIn können und sollen nicht die Aufgabe der Eltern übernehmen, aber Sie können dem Kind das Gefühl vermitteln, sicher und gut aufgehoben zu sein, während es tagsüber bei Ihnen in der Einrichtung ist.

Es ist nicht Ihre Aufgabe therapeutisch tätig zu werden. Wenn dies aus Ihrer Sicht erforderlich ist, sollten Sie mit den Eltern zusammen über die erforderliche fachliche Hilfe sprechen. Wie Sie hier genau vorgehen können, können Sie unter dem Punkt 7.5 auf S. 68 nachlesen.

Das Allerwichtigste, das sie für das jeweilige Kind tun können ist, für es da zu sein und eine kontinuierliche Konstante darzustellen, ganz im Sinne von der bereits im Vorwort erwähnten Ronja Räubertochter:

Lange saßen sie dort und hatten es schwer,
doch sie hatten es gemeinsam schwer,
und das war ein Trost.
Leicht war es trotzdem nicht.
　　　　　Astrid Lindgren (aus Ronja Räubertochter)

Erste Hilfsmaßnahmen in schwierigen Situationen

In der folgenden Übersicht haben wir Ihnen eine Reihe von typischen Situationen im Kinderalltag und/oder Verhaltensweisen, die (traumatisierte) Kinder mit Fluchterfahrung häufig zeigen können, aufgelistet.

Mögliche Situation / Verhalten des Kindes	Einordnung/Erklärung	Was Sie als ErzieherIn tun können
Nachspielen des Erlebten	◎ Viele traumatisierte Kinder spielen das, was ihnen passiert ist, nach. ◎ Dies ist eine häufige und normale Reaktionsweise auf das Erlebte, das Spielen hilft dem Kind, seine Erinnerungen zu verarbeiten.	◎ Wenn eines Ihrer Kinder ein traumatisches Ereignis nachspielt, dann ist es wichtig, dass Sie dies nicht unterbinden oder abbrechen. ◎ Bleiben Sie bei dem Kind. ◎ Wenn Sie die Möglichkeit haben und dies passt, kann es auch sinnvoll sein, in einen anderen Raum oder eine ruhige Ecke zu gehen, wo das Kind ungestört sein kann.
„Sprachlosigkeit"	◎ Durch das Erleben eines traumatischen Erlebnisses sind Betroffene häufig im wahrsten Sinne des Wortes „sprachlos" D. h. sie können häufig keine Worte für das Erlebte finden und dies auch nicht äußern.	◎ Versuchen Sie mit dem Kind in Kontakt zu kommen ◎ Sie können z. B. versuchen Worte für die Sprachlosigkeit des Kindes zu finden, indem Sie die vielleicht damit verbundenen Gefühle benennen ◎ Wenn das Kind dann nach eigenen Worten für das Unfassbare sucht, kann es ihm so leichter fallen, die Situation zu beschreiben/sich auszudrücken. **Achtung:** ◎ Bohren Sie nicht nach! ◎ Erzwingen Sie kein Gespräch über das traumatische Erlebnis. ◎ Lassen Sie das Kind nur das erzählen, was es selbst von sich aus erzählen möchte!

Traumapädagogik

Mögliche Situation / Verhalten des Kindes	Einordnung/Erklärung	Was Sie als ErzieherIn tun können
Entwicklungsrückschritte (sogenanntes regressives Verhalten, wie z. B. am Daumen lutschen, einnässen, einkoten, Angst vor Dunkelheit)	⊚ Solche Entwicklungsrückschritte sind nach traumatischen Erlebnissen ganz normal und kommen bei kleinen Kindern häufig vor. ⊚ Dies normalisiert sich in der Regel mit der Zeit wieder.	⊚ Reagieren Sie so, wie Sie es auch bei den anderen Kindern tun, wenn so ein Verhalten auftritt. ⊚ Tadeln Sie das Kind nicht, wenn es ein Verhalten zeigt, das Jüngeren entspricht und beschämen Sie es nicht mit der Bemerkung, dass es sich wie ein Baby verhalten würde. ⊚ Tun Sie so, als ob das Verhalten normal sei, beruhigen Sie das Kind und vor allem: bleiben Sie selbst ruhig!
Starke Trennungsängste	⊚ Es ist eine ganz normale Reaktion nach den ganzen Erlebnissen, dass das Kind nicht von seinen Eltern/Bezugspersonen getrennt sein will.	⊚ Das wichtigste ist auch hier, dass Sie Verständnis zeigen. ⊚ Tadeln Sie das Kind nicht und beruhigen Sie es. ⊚ An dieser Stelle ist natürlich auch das Verhalten der Eltern/Bezugspersonen sehr wichtig (vgl. Sie hierzu Punkt 7.6).
Plötzliche extrem starke Sehnsucht nach den Eltern	⊚ Auch dies ist eine ganz normale Reaktion nach den ganzen Erlebnissen, dass das Kind seine Eltern/Bezugspersonen vermisst bzw. Angst um diese hat und Sorge hat, ob diesen etwas passiert ist.	⊚ Erklären Sie dem Kind: wo seine Eltern/Bezugspersonen gerade sind und wann diese wiederkommen. ⊚ An dieser Stelle ist natürlich auch das Verhalten der Eltern/Bezugspersonen sehr wichtig (vgl. Sie hierzu Punkt 7.6).
Schwierigkeiten, Vertrauen aufzubauen	⊚ Da Kinder besonders verletzlich und gefährdet sind, sind sie durch die schrecklichen Ereignisse sehr stark in ihren Grundfesten erschüttert worden ⊚ Hinzu kommt, dass ihre Eltern/Bezugspersonen sie nicht vor diesen Ereignissen beschützen konnten. ⊚ Hierdurch kann das grundlegende Vertrauen eines Kindes, bei seinen Eltern sicher zu sein, beschädigt worden sein. ⊚ Dies ist unabhängig davon, ob die Eltern/Bezugspersonen alles Menschenmögliche unternommen haben, um ihr Kind zu schützen.	⊚ Das wichtigste ist auch hier, dass sie Verständnis zeigen. ⊚ Nehmen Sie sich Zeit. ⊚ Nehmen Sie das Verhalten des Kindes nicht persönlich! ⊚ Haben Sie keine zu hohen Erwartungen, dass sich dieses Verhalten schnell ändert. ⊚ Hier helfen nur Geduld und vertrauensbildende Maßnahmen.
Schuld- und/oder Schamgefühle	⊚ Es kann vorkommen, dass sich geflüchtete Kinder schuldig fühlen, z. B. weil sie andere Familienmitglieder verloren oder zurückgelassen haben. ⊚ Es kann auch sein, dass sie sich verantwortlich dafür fühlen, wenn z. B. jemand verletzt wurde oder umgekommen ist. ⊚ Vielen Kindern fällt es häufig sehr schwer, solche Scham- und Schuldgefühle auszudrücken.	⊚ An dieser Stelle ist es wichtig, dass Sie das Kind ernst nehmen. ⊚ Tun Sie seine Gefühle nicht ab! ⊚ Es ist ganz wichtig, dass Sie dem Kind vermitteln, dass es keine Schuld an dem hat, was passiert ist. ⊚ Erklären Sie ihm, dass es keinen hätte retten oder schützen können.

Der Kontakt mit einem traumatisierten Kind

Mögliche Situation / Verhalten des Kindes	Einordnung/Erklärung	Was Sie als ErzieherIn tun können
Anspannung Schreckhaftigkeit Übererregung Unruhe / nicht Stillsitzen können	◉ Dieses sind normale Reaktionen bei Kindern, die traumatisiert sind.	◉ Wie Sie wissen, kann Bewegung helfen, Anspannungen zu lösen. ◉ Geben Sie dem Kind die Möglichkeit zum Herumtollen oder Sport. ◉ Lassen Sie das Kind dabei aber nicht allein.
Kind wird von seinen Gefühlen (Angst, Trauer, Ärger, Wut) überwältigt	◉ Dies ist eine häufige und normale Reaktionsweise auf das Erlebte.	◉ Ein Kind sollte seine Gedanken und Gefühle ausdrücken können. ◉ Es sollte weinen oder wütend sein können und dürfen. ◉ Es sollte auf keinen Fall den Eindruck haben, dass es seine Gefühle verbergen muss. ◉ Vermitteln Sie dem Kind, dass es völlig in Ordnung ist, wenn es sich gerade anders benimmt als andere Kinder. ◉ Drängen Sie das Kind nicht, aber machen Sie ihm immer wieder Angebote, etwas gemeinsam mit Ihnen oder mit anderen Kindern zu unternehmen.

Kind wird von seinen schlimmen Erinnerungen überwältigt und diese Erinnerungen wiederholen sich ungewollt in blitzartigen Ausschnitten in seinem Kopf, was sich z. B. mit einem plötzlichen Erstarren, Abschweifen im Gespräch, Verstummen, unberechenbarem Verhalten und Verzweiflung, lautem Schreien oder Wut zeigen kann	◉ Dies ist eine häufige und normale Reaktionsweise auf das Erleben traumatischer Erlebnisse.
	Allerdings in der Regel erst ab einem Alter von ca. 12 Jahren.
		◉ Es ist ganz wichtig, dass Sie Ruhe bewahren!
		◉ Versuchen Sie, das Kind wieder ins „Hier und Jetzt" zurückzuholen, z. B. durch:
		  ◉ Aufforderung, sich auf konkrete Dinge in seiner Umgebung zu konzentrieren
		  ◉ Stellen konkreter Fragen, wie z. B.: „Wie fühlen sich deine Füße auf dem Boden an?" oder „Beschreibe, was du im Raum siehst!"
		  ◉ Initiieren eines dem Kind bekannten Klatsch-/Singspiels
		  ◉ Eine weitere praktische Möglichkeit ist es, dass Sie das Kind in die Bewegung bringen. Sie können das Kind z. B. motivieren, mit Ihnen Ball zu spielen oder ihm etwas in die Hand geben, womit es sich beschäftigen und damit ablenken kann, z. B. (therapeutische) Knete, ein Flummi, Jojo, Igelball, Knetball, Flutschies ©.
		  ◉ Manchmal hilft es auch, wenn Sie dem Kind ein Glas Wasser zum Trinken anbieten.

In vielen der oben beschriebenen Situationen ist es insgesamt wichtig, dass Sie sich mit dem Kind in einer fürsorglichen und mitfühlenden Weise verständigen. Dies können Sie entweder verbal oder nonverbal tun (z. B. durch eine Umarmung, falls das Kind dies möchte und es in der jeweiligen Situation angemessen ist), so fühlt sich das Kind sicher und angenommen. Auch wenn es sich nur um kleine Gesten handelt, ist diese Form der Unterstützung für Kinder immer wichtig und sehr wertvoll.

Praxisbeispiel: Therapeutische Knete

Therapieknete unterscheidet sich von richtiger Knete dadurch, dass sie direkt einsetzbar ist und nicht erst „weichgeknetet" werden muss, nicht krümelt und keine Rückstände an den Händen zurückbleiben. Es gibt farbenfrohe Therapieknete in der Regel in unterschiedlichen Stärken, für Ihre Kleinen in der Kita sollten die Stärken extra-leicht, soft und medium völlig ausreichend sein. Therapieknete eignet sich hervorragend für Kinder zum Stressabbau und zur Ablenkung, wenn es einem (traumatisierten) Kind gerade nicht gut geht. Probieren Sie diese doch einfach mal aus.

7.4 Das Problem und der Umgang mit „Trauma-Triggern"

Kennen Sie das, dass bei bestimmten Düften oder Liedern schöne alte Erinnerungen aufleben, wie bei dem Duft von Bienenwachs oder Vanillekipferln an Weihnachten in der eigenen Kindheit denken, bei einem bestimmten Musikstück an den ersten Freund denken oder wenn Sie einen Seeigel sehen, wie weh es damals getan hat, als Sie im Badeurlaub hineingetreten sind …

Dieses Phänomen nennt man auch „natürliche Flashbacks". Hierbei fühlen Sie sich für kurze Zeit, meist nur für einige Sekunden und selten länger als drei Minuten, in eine altbekannte Situation zurückversetzt bzw. erleben diese erneut. Es handelt sich hierbei also nur um eine besondere Form intensiver Erinnerung, die durch bestimmte Schlüsselreize (z. B. Duft von Bienenwachs) ausgelöst wird.

Bei traumatisierten Menschen können solche Schlüsselreize wie ein Signal für eine akute Bedrohung wirken und zu Flashbacks führen. Diese Flashbacks haben nichts mit schönen Erinnerungen gemeinsam und sind in der Regel sehr belastend für die betreffende Person.

Was ist ein Flashback?

Flashback (englisch für: „blitz(artig) zurück", sinngemäß etwa: Wiedererleben oder Nachhallerinnerung) ist ein psychologisches Phänomen, das durch einen Schlüsselreiz hervorgerufen wird. Die betroffene Person erlebt dann völlig unerwartet und unwillkürlich ein Wiedererleben eines vergangenen Erlebnisses oder früheren Gefühlszustandes.

Wenn Sie Kinder mit Fluchterfahrung in Ihrer Kita haben, die traumatisiert sind, dann ist auch die aktuelle Situation im Kindergarten mitentscheidend, ob ein Trauma verarbeitet werden kann oder ob die Ängste akut bleiben. Manche Kinder leben mit ihren Eltern noch in einer Flüchtlingsunterkunft in der die Enge und die fehlende Privatsphäre eine Besserung des Traumas erschweren. Auch die Unsicherheit, wie das Asylgesuch der Eltern beantwortet wird und der Zwang zur Untätigkeit sind Faktoren, die teilweise von den Eltern unbewusst auf die Kinder übertragen werden können und damit häufig die traumatische Erschütterung der Kinder mit Fluchterfahrung noch verstärken.

Das Problem und der Umgang mit „Trauma-Triggern"

Exkurs: Trigger zu Hause und in Gemeinschaftsunterkünften

Nicht alle Familien mit Fluchterfahrungen haben eine eigene Wohnung. Wenn die Eltern eines Ihrer Kinder mit Fluchterfahrung in einer Gemeinschaftsunterkunft leben, kann es sein, dass diese täglich mit Situationen konfrontiert werden, die bei ihnen Flashbacks auslösen können. Mögliche Auslöser-/Triggerfaktoren hierfür können z. B. sein: Zwang zur Unterbringung (kann erinnern an: Situation in Gefängnis/Lagern); laut schlagende Türen (kann erinnern an: Abholen zum Verhör/Polizeihaft); Uringestank auf der Toilette (kann erinnern an: Haft, Folter, Lager); Gerüche (z. B. Deo) anderer Personen (kann erinnern an: Täter).

Exkurs: Kindern Katastrophen erklären

Katastrophen-Bilder bestimmen immer wieder die Medien und dies können alle Kinder zu Hause im Fernsehen, im Radio oder auf Bildern in der Tagespresse oder auf dem Weg in die Kita mitbekommen. Da solche Bilder Kinder stark beschäftigen, ist es wichtig, wie Sie als ErzieherIn damit umgehen. Besonders kleine Kinder sind noch nicht in der Lage, Fernsehnachrichten für Erwachsene zu verstehen und können die dazu gesendeten Bilder nicht gut einsortieren und verarbeiten.

Faustregel: Für Kinder unter zehn Jahren sind Nachrichten für Erwachsene ungeeignet! Kinder sollten altersgerechte Formate sehen, im günstigsten Fall gemeinsam mit Erwachsenen.

Besonders dann, wenn von den Ereignissen (ein Anschlag o. ä.) auch Kinder betroffen sind, dann sind es gerade diese Schicksale von Gleichaltrigen, die Kinder besonders betroffen machen. Die Reaktionen auf solche Nachrichten können ganz unterschiedlich sein: Manche Kinder fragen sich, ob sie ein ähnliches Schicksal ereilen könnte oder wie man die Opfer unterstützen kann, etwa indem sie etwas von ihrem Taschengeld spenden.

Unsere Empfehlung, die Sie auch an die Eltern weitergeben sollten, lautet: Reden Sie mit Kindern gemeinsam über die Ereignisse und/oder nutzen hierzu altersgerechte Angebote.
Eine Möglichkeit besteht darin, Ängste und Wünsche in einem Bild oder einer Geschichte auszudrücken. Ältere Kinder können beispielsweise auch Bücher, Sendungen oder Webseiten mit Ursachen und Folgen der Katastrophe anschauen.

Praxistipp

Die Internetseite: www.schau-hin.info hat hervorragende kindgerechte Informationen zu den aktuellen Ereignissen, aber auch insgesamt zum Themenbereich Medienangebote und ist ein wahrer Informationsschatz für Eltern und auch Sie als ErzieherIn. Es gibt die Möglichkeit, auf der Internetseite einen Newsletter zu abonnieren, der Sie immer auf dem Laufenden hält.
Hier noch einige Beispiele kindgerechter Nachrichtenformate: „Logo!" (www.logo.de); Neuneinhalb" (www.neuneinhalb.wdr.de); Kinderradiokanal (www.kiraka.de); „Minitz" (www.kindernetz.de/minitz).

7.5 Professionelle therapeutische Hilfe

Wenn Sie den Eindruck haben, dass eines Ihrer Kinder professionelle Hilfe benötigt, dann sollten Sie dieses im Team mit Ihrer Leitung besprechen und dann in einem Elterngespräch den Eltern/Bezugspersonen Ihre Beobachtungen schildern. Gleichzeitig können Sie die Eltern/Bezugspersonen bei der Suche nach dem richtigen Ansprechpartner unterstützen, indem Sie ihnen die folgenden Möglichkeiten an die Hand geben. Wenn Sie meinen, dass die Eltern nicht in der Lage sind, entsprechende Hilfsangebote selbst zu initiieren, dann sollten Sie helfend unterstützen, auch hierzu können Sie die folgenden Hinweise nutzen.

Je nachdem was es in Ihrer Stadt für Hilfsangebote gibt, können ganz unterschiedliche Möglichkeiten in Frage kommen. Wir haben Ihnen hier eine Übersicht möglicher Hilfsangebote aufgelistet, schauen Sie einfach, was für Sie in der jeweiligen Situation passen könnte.

Professionelle Hilfsangebote

Kinderarzt
Eine wichtige Möglichkeit ist in der Regel der Weg über den behandelnden Kinderarzt. Dieser kennt das Kind vielleicht schon und ist darüber hinaus meist gut vernetzt und weiß, welche Hilfsmöglichkeiten in Frage kommen.

Kinder- und Jugendlichenpsychotherapeut/-psychiater
Kinder- und Jugendlichenpsychotherapeuten und -psychiater sind eine wichtige Anlaufstelle für traumatisierte Kinder. Auf der Homepage der Bundesärzteseite finden Sie eine komfortable Suchmöglichkeit für Ihr jeweiliges Bundesland: www.bundesaerztekammer.de/service/arztsuche/ Dort können Sie nach Postleitzahl nach einem Kinder- und Jugendlichenpsychotherapeuten oder einem Kinder- und Jugendpsychiater suchen.

Psychosoziale Zentren (PSZ)
Die Bundesweite Arbeitsgemeinschaft der Psychosozialen Zentren für Flüchtlinge und Folteropfer (BAfF) ist der Dachverband von Zentren, Einrichtungen und Projekten, die sich die soziale, psychologische und medizinische Versorgung und Behandlung von Flüchtlingen und Überlebenden organisierter Gewalt zur Aufgabe gemacht haben. Falls es in Ihrer Nähe ein Psychosoziales Zentrum gibt, kann es sehr hilfreich sein, sich mit Ihrem Anliegen dorthin zu wenden, da dort eine entsprechende Behandlung selbst stattfinden kann oder diese in der Regel sehr gut Bescheid wissen, wer in Ihrer Nähe auf die Behandlung traumatisierter Kinder mit Fluchterfahrung spezialisiert ist. PSZ können häufig auch sehr gut bei der Vermittlung von Dolmetschern helfen und haben in der Regel viele weitere hilfreiche Informationen an der Hand. Unter folgendem Link finden Sie eine Übersicht aller PSZ in Deutschland: www.baff-zentren.org/mitgliedszentren-und-foerdermitglieder/

Deutschsprachige Gesellschaft für Psychotraumatologie (DeGPT)
Die DeGPT ist eine wissenschaftliche Fachgesellschaft von Ärzten, Psychologen, Psychotherapeuten und Vertretern anderer Berufsgruppen, die auf die Behandlung von Menschen mit Traumafolgestörungen spezialisiert sind. Auf deren Seite: www.degpt.de/therapeutinnensuche/ finden Sie ebenfalls eine Suchmöglichkeit nach Postleitzahl für spezialisierte Psychotherapeuten.

Schulpsychologen/-sozialarbeiter
Bei Schulkindern kann es sehr hilfreich sein, wenn Sie Kontakt zu den Psychologen oder Sozialarbeitern in der Schule aufnehmen.

Ansprechpartner zu Hause
Wenn Kinder nicht bei den leiblichen Eltern oder anderen Familienangehörigen leben, ist es wichtig, dass Sie Kontakt zum Vormund, der Gastfamilie oder den Ansprechpartnern der jeweiligen Einrichtung, in der das Kind möglicherweise lebt, aufnehmen.

7.6 Eltern (traumatisierter) Flüchtlingskinder

Wie Sie wissen, haben Eltern Ihrer sehr kleinen Schützlinge in der Regel einen sehr starken Einfluss auf ihre Kinder. Dies ist bei traumatisierten Kindern nicht anders, diese Kinder werden sehr stark davon beeinflusst, wie ihre Eltern/Bezugspersonen auf das traumatische Ereignis reagieren. Nach traumatischen Erfahrungen kommt die beste Hilfe in erster Linie aus der eigenen Familie. Viele geflüchtete Eltern/Bezugspersonen wissen häufig selbst nicht, wie sie mit der Situation umgehen sollen und wie sie ihrem eigenen Kind am besten helfen können. Zudem sind viele dieser Eltern/Bezugspersonen selbst traumatisiert.

Wie Sie bereits unter Punkt 7.3 gesehen haben, gibt es eine ganze Reihe Reaktionen und Verhaltensweisen, die traumatisierte Kinder zeigen. Vielleicht war Ihnen einiges darunter neu und hat Ihnen so ein besseres Verständnis des Verhaltens einzelner Kinder geben können. Überlegen Sie sich, dass die Eltern/Bezugspersonen dieser Kinder in der Regel keine ausgebildeten Erzieher sind und deshalb nicht über solches Fachwissen verfügen. Eine Aufklärung bestimmter Dinge ist daher elementar wichtig, da das Verhalten des Kindes sonst nicht richtig eingeordnet werden kann und schlimmstenfalls mit möglicherweise negativen Konsequenzen falsch interpretiert wird (z. B. Eltern ihr Kind für sein Verhalten bestrafen, was aber genau zum Gegenteil des Erwünschten führt).

Sich in einem fremden Land zurechtzufinden, kostet eine Menge Kraft und Anstrengung. Angestrengte Eltern sind oft ungeduldig, was dazu führen kann, dass sie häufig Anweisungen erteilen, was ihr Kind tun oder lassen soll. Häufig sind diese Eltern auch unsicher, wenn sich ihr Kind anders als gewohnt oder anders als die anderen Kinder verhält. Helfen Sie den Eltern, sich gut um ihre Kinder zu kümmern.

Wir haben Ihnen daher hier einige Punkte zusammengestellt, die Eltern/Bezugspersonen tun können, um ihre Kinder optimal zu unterstützen.

Hilfen für Eltern/Bezugspersonen (traumatisierter) Kinder mit Fluchterfahrung

- Erklären Sie den Eltern/Bezugspersonen, dass ihr Kind nichts dringender braucht als das Gefühl, sicher und gut aufgehoben zu sein. Vermitteln Sie daher den Eltern/Bezugspersonen, dass sie ihrem Kind immer wieder sagen sollten, dass es keine Angst mehr zu haben braucht, auch wenn die Familie vielleicht noch kein neues Zuhause gefunden hat. Eltern/Bezugspersonen sollten immer wieder wiederholen, dass der Krieg jetzt weit weg und die Flucht vorbei ist. Ein Kind benötigt ein solches Sicherheitsgefühl, auch wenn die Eltern/Bezugspersonen vielleicht noch gar nicht wissen, ob sie in Deutschland bleiben dürfen.
- Vermitteln Sie den Eltern/Bezugspersonen, dass sie ihrem Kind immer wieder zeigen sollten, dass sie es mögen und gerne mit ihm zusammen sind, z. B. indem sie ihm dieses immer wieder sagen oder es häufiger als gewohnt in den Arm nehmen.
- Erklären Sie den Eltern/Bezugspersonen, dass sie ihr Kind in einer fremden Umgebung möglichst nicht alleine lassen sollten. Wenn eine kurze Trennung unvermeidbar ist, beispielsweise bei einem Behördengang, sollten Eltern/Bezugspersonen ihrem Kind ganz genau sagen, wo sie hingehen und wann sie wieder zurück sind und dies auch einhalten. Das gilt natürlich auch für die Bring- und Abholzeiten in Ihrer Einrichtung.
- Erklären Sie den Eltern/Bezugspersonen, dass es ganz normal und nachvollziehbar ist, wie sich ihr Kind verhält und dass dies möglicherweise mit dem Erlebten im Zusammenhang stehen kann.
- Erklären Sie den Eltern/Bezugspersonen, dass sie ihrem Kind immer wieder versichern sollten, dass sie es lieben und beschützen werden, insbesondere wenn das Kind Angst hat.
- Besprechen Sie mit den Eltern/Bezugspersonen, dass eine allmähliche Rückkehr zur Alltagsroutine dem Kind Sicherheit vermittelt.

- Wenn das Zubettgehen Probleme bereitet, erklären Sie den Eltern/Bezugspersonen, dass sie nicht ungeduldig sein sollten, ihrem Kind vielleicht etwas mehr Zeit geben und es beruhigen sollten. Vielleicht erlauben sie ihm für eine begrenzte Zeit, bei Licht zu schlafen.
- Vermitteln Sie den Eltern/Bezugspersonen, dass es ganz wichtig ist, dass diese ihrem Kind immer wieder versichern, dass es an dem traumatischen Geschehen keine Schuld hat.
- Erklären Sie den Eltern/Bezugspersonen, dass sie ihr Kind niemals tadeln sollten, wenn es ein Verhalten zeigt, das Jüngeren entspricht und es auch auf gar keinen Fall mit einer Bemerkung, dass es sich wie ein Baby verhalte, beschämt werden sollte.
- Je nach kulturellem Hintergrund einer Familie kann der Umgang mit Gefühlen ganz unterschiedlich sein, nutzen Sie an dieser Stelle Ihren Einfluss als Autoritäts-/Respektsperson und vermitteln Sie den Eltern/Bezugspersonen, dass es sehr wichtig für das Kind ist, dass es seine Gedanken und Gefühle frei äußern und auch schreien oder weinen darf. Es sollte auf keinen Fall den Eindruck haben, dass es seine Gefühle verbergen muss. Die Eltern sollten ihr Kind daher nicht auffordern, sich zusammenzunehmen oder zusammenzureißen. Erklären Sie den Eltern, dass die Gefühle ihres Kindes dann immer noch da sind, es aber für das Kind noch schwieriger ist, mit diesen Gefühlen zurechtzukommen.
- Wenn ihr Kind nachspielt, was es Schlimmes erlebt hat, sollten die Eltern/Bezugspersonen bei ihm bleiben und es nicht unterbrechen. Erklären Sie den Eltern, dass das Spiel ihrem Kind hilft, seine Erinnerungen zu verarbeiten. Es kann auch hilfreich sein, wenn sie die mögliche Sprachlosigkeit ihres Kindes mit dem Benennen möglicher Gefühle und Worte helfen, zu durchbrechen.
- Zieht sich ihr Kind sehr stark zurück, dann können Sie den Eltern/Bezugspersonen vermitteln, dass sie ihrem Kind ganz vorsichtig anbieten können, mit ihm über das zu sprechen, was ihm durch den Kopf geht oder sie ihm auch vorschlagen können, ein Bild dazu zu malen.
- Last but noch least: Erklären Sie den Eltern/Bezugspersonen, dass Sie nur dann gut für ihre Kinder sorgen können, wenn sie auch gut für sich selbst sorgen. In diesem Sinne kann es auch sehr hilfreich sein, dass die Eltern/Bezugspersonen selbst professionelle Hilfe in Anspruch nehmen.

Tipp

Für Eltern gibt es eine sehr schöne Audio-CD mit Informationen und Übungen für traumatisierte Menschen. Diese ist vom Psychosozialen Zentrum für Flüchtlinge in Düsseldorf herausgegeben worden und kann traumatisierten Eltern eine gute Hilfe sein. Auf der Seite des Psychosozialen Zentrums Düsseldorf: http://www.wiki.psz-duesseldorf.de/images/7/77/PszNAWA.pdf finden Sie die Informationen und Übungen zur NaWa-CD, auf Deutsch, Englisch, Französisch, Albanisch, Tamilisch, Türkisch, Kurmanci (kurdisch), Sorani (kurdisch) und Persisch (NaWa ist kurdisch und bedeutet Ort der Geborgenheit). Psychosoziales Zentrum für Flüchtlinge Düsseldorf (Hrsg.) (2006): NaWa: Informationen und Übungen für traumatisierte Menschen. Audio-CD.

7.7 Exkurs: Thema Tod und Trauer

Insbesondere bei Kindern mit Fluchterfahrung kann das Thema Tod und Trauer ein wichtiges Thema sein, wenn sie ihre Eltern oder Angehörige verloren haben oder im Verlauf der Trennung verlieren können.

Wir möchten Sie ermutigen, dieses Thema offen anzugehen und keine Angst davor zu haben. Wir haben Ihnen eine Auswahl sehr schöner kindgerechter Bücher zum Thema Tod und Trauer zusammengestellt.

Kinderbücher zum Thema Tod und Trauer ab 4 Jahren geeignet

- Crowther, K / von Vogel, M. (2013): Der Besuch vom kleinen Tod. Hamburg: Aladin.
- Kloes, G. (2016): Alles wird gut, kleine Maus. Ein Bilderbuch für Kinder, die nach einer Verlusterfahrung verstummen. Frankfurt: Mabuse-Verlag.
- Lüftner, K. / Gehrmann, K. (2016): Für immer: Vierfarbiges Bilderbuch. Weinheim/Basel: Beltz & Gelberg.
- Nilsson, U. / Eriksson, E. / Könnecke, O. (2015): Die besten Beerdigungen der Welt. Frankfurt: Moritz Verlag.
- Schärer, K. (2015): Der Tod auf dem Apfelbaum. Stolberg: Atlantis Verlag.
- Varley, S. (2009): Leb wohl lieber Dachs. Berlin: Annette Betz Verlag. (Auch als Video).

Trauergruppen für Kinder, die ihre Eltern verloren haben

In vielen Städten gibt es spezielle Trauergruppen für Kinder, die ihre Eltern verloren haben. Informieren Sie sich im Internet zu Angeboten in Ihrer Nähe. Vielleicht haben diese sogar spezielle Angebote für Kinder mit Fluchterfahrung, die ihre Eltern verloren haben. Hier drei Internetadressen, bei denen Sie sich schon einmal einen ersten Überblick über das typische Angebot verschaffen können:

- www.traube-koeln.de
- www.domino-trauerndekinder.de
- www.horizontas.de

7.8 Der Kita-Check: räumliche und logistische Vorbereitungen

Wenn Sie Kinder mit Fluchterfahrung in Ihrer Kita aufnehmen werden, sollten Sie rechtzeitig vorher Ihre Kita einmal genauer „unter die Lupe" nehmen. Hierzu ist es besonders hilfreich, wenn Sie Ihre Kita und die Gesamtsituation einmal aus dem Blickwinkel eines fremden Dritten betrachten. Stellen Sie sich einfach vor, Sie wären selbst in einem fremden Land, benötigen eine Kita für Ihr Kind und würden dort eine aufsuchen. Sie würden wahrscheinlich mithilfe Dritter eine Kita suchen und finden und ständen dann vor der Tür – wahrscheinlich vor einem für Sie nicht lesbaren Kitaschild. Und damit sind wir mitten in den Überlegungen, wie es den möglichen zukünftigen Eltern und Kindern mit Fluchterfahrung gehen könnte.

Im Anhang (s. S. 91) haben wir für Sie eine Checkliste vorbereitet, mit der Sie Ihre Einrichtung mit einem kleinen Kita-Rundgang aus Familiensicht einmal durchgehen und überprüfen können. Nehmen Sie sich hierzu etwas Zeit, um in Ruhe Ihre Kitabegehung zu machen.

Betriebsblindheit

Vielleicht kennen Sie das Phänomen der „Betriebsblindheit". Wenn Sie Ihre Kita einmal relativ realistisch überprüfen möchten, besteht auch die Möglichkeit, dass Sie einfach einen Freund oder Bekannten mit Migrationshintergrund fragen, ob dieser mit Ihnen mit einem kritischen Blick gemeinsam durch Ihre Einrichtung geht. Vielleicht fallen diesem einige Dinge auf, die Sie selbst gar nicht bemerkt hätten und er hat vielleicht zusätzlich noch ein paar hilfreiche Tipps und Hinweise für Sie.

Oder Sie setzen dieses Thema auf die nächste Tagesordnung Ihrer Teambesprechung und diskutieren mit Ihren Kollegen oder Kollegen anderer Kitas.

Optimierungshilfen für die ideale Kita

Wenn Sie mithilfe des Kita-Checks festgestellt haben, dass es Bereiche und Punkte gibt, die Sie in Ihrer Kita ändern sollten/möchten, dann sind Ihnen die Hinweise auf den folgenden Seiten mit Sicherheit eine große Hilfe. So sind Sie räumlich und logistisch optimal auf Kinder mit Fluchterfahrung vorbereitet.

1. Kitalage/Zugang

- Überlegen Sie, wie Sie den Zugang so gestalten können, dass dieser möglichst leicht für alle Familien und Kinder zu finden ist. Oft reichen hier ein oder zwei zusätzliche Hinweisschilder.
- Wie Sie vielleicht wissen, können dunkle Flure, Fahrstühle, steile Treppen, o.ä. Auslöser/Trigger von Erinnerungsbildern bei traumatisierten Menschen sein. Sollten Sie solche mögliche Trigger erkannt haben, können Sie diese Räume mit zusätzlichen Lichtquellen ausstatten.

2. Kitaschild

- Wenn Sie Optimierungs-/Verbesserungsbedarf festgestellt haben, ändern Sie Ihr Schild bzw. passen Sie es an.

3. Klingel

- Wenn Sie Optimierungs-/Verbesserungsbedarf festgestellt haben, ändern Sie die Klingel / das Klingelschild.

4. Eingangs- Wartebereich

- Der Eingangs-Wartebereich ist für alle Familien und die Kinder ein sehr zentraler Bereich.
- Ändern Sie möglichst umgehend die von Ihnen für nicht gut befundenen Punkte.
- Wenn Sie möchten, können Sie ein „Herzlich Willkommen-Schild" in allen Sprachen ausdrucken und aufhängen. Vorlagen dazu finden Sie im Internet.

5. Bad/Toilette

- Stellen Sie Mängel ab und kontrollieren Sie regelmäßig die Toilette. Führen Sie einen Kontrollplan ein.

6. Weg zu den Gruppenräumen

- Bedenken Sie auch hier, dass ein dunkler Flur gerade im Winter oder Dunkeln bedrohlich sein kann, deshalb ist es besonders wichtig, für ausreichend Licht zu sorgen.

7. Gruppenräumen

- Wie Sie wissen, ist der Gruppenraum einer der wichtigsten Räume und die Grundlage für einen guten Tag in der Kita. Der Gruppenraum sollte ein sicherer, geschützter Wohlfühlbereich für Ihre Kinder und Sie sein. Deshalb ist es hier besonders wichtig, alle festgestellten „Mängel" zu beseitigen und darauf zu achten, dass eine „Wohlfühlatmosphäre" für alle hergestellt wird.
- Verzichten Sie auf alle Raumdüfte, Räucherstäbchen, usw., da diese Düfte mögliche Traumatrigger/-auslöser sein oder Unwohlsein auslösen können.
- Durch ein paar Kleinigkeiten lässt sich sehr schnell eine Willkommensatmosphäre herstellen, z.B. durch: Pflanzen, Bilder, Fotos von Menschen aus aller Welt, Gegenstände, eine Weltkarte, einen Globus, o.ä.

8. Mögliche Trigger

- Wenn Ihre Kita im Umfeld eines möglichen externen Triggers/Auslösers liegt, dann seien Sie sich dessen bewusst und thematisieren dies gegebenenfalls frühzeitig mit den Eltern und auch mit den Kindern. So sind alle darauf vorbereitet und es kann bereits vorher gemeinsam überlegt werden, wie Sie damit umgehen wollen. Auch in Ihrem Team sollten sich alle ein einheitliches Vorgehen hierzu überlegen.

8 Selbstfürsorge

von Susanne Beucher, Melanie Gräßer und Eike Hovermann

8.1 Warum ein eigenes Kapitel zu dem Thema?

Du kannst anderen nur helfen, wenn du dir selbst helfen kannst!

Wenn wir in unserer Arbeit über Selbstfürsorge nachdenken, sind wir große Meister, das Gegenüber im Blick zu haben. Bei uns selbst neigen wir dazu, nicht optimal an unsere eigenen körperlichen und geistigen Bedürfnisse zu denken. Um dies wirklich und auch angemessen tun zu können, ist eine der wesentlichen Voraussetzungen, dass Sie in einem guten Kontakt zu sich selbst sind. Aber was heißt das eigentlich ganz genau und was sind die wichtigen Voraussetzungen, um in einem guten Kontakt mit sich selbst zu sein?

Fangen wir mit unserem Körpergefühl an. Unser Körper verhält sich immer entsprechend unserer Stimmung. Wenn ich angespannt bin, wird sich mein Körper auch anspannen, wenn ich in meiner Mitte bin, wird mein Körper sich eher angenehm anfühlen und wenn ich mich unterfordert fühle, wird mir weniger Energie zur Verfügung stehen.
Ihr Alltag ist gekennzeichnet durch ganz unterschiedliche Herausforderungen und angespanntes Handeln und Fühlen kann schnell damit einhergehen. Wenn Sie angespannt sind, haben Sie weder einen guten Kontakt zu sich selbst, noch zu Ihrem Gegenüber.

Was können Sie gegen eine erhöhte Anspannung tun?

Wenn Sie merken, dass Sie sehr angespannt sind, lohnt es sich manchmal, innezuhalten und den Fokus weg vom Stress (erhöhte Anspannung) hin zu einem inneren Moment der Selbstwahrnehmung zu lenken. Ziel dieser kleinen Aufmerksamkeitslenkung ist es, aus dem Automatismus der automatischen Anspannung herauszukommen. Dieses Innehalten und Reflektieren ist nicht immer leicht. Herausfordernde Situationen lassen sich aber oft nicht sofort verändern. In einem solchen Fall kann es manchmal sinnvoll sein, den KollegInnen und auch den Kindern mitzuteilen, dass Sie z. B. traurig sind, damit diese Ihnen vielleicht etwas Raum und Zeit für die Bewältigung dieser Situation geben. Somit können Sie später, nachdem Sie die Situation gelöst haben, auch wieder voller Engagement weiterarbeiten.

Unsere Selbstfürsorge/Selbstreflektion sorgt somit ebenfalls dafür, dass keine Missverständnisse im Miteinander entstehen.

Aber der Reihe nach: Die Arbeit mit Kindern mit Fluchterfahrung ist neben dem normalen Erzieheralltag mit Sicherheit mit ganz besonderen Herausforderungen verbunden. Je größer die Herausforderungen und Ihr Engagement gerade in Ihrer Arbeit mit Kindern mit Fluchterfahrung sind, desto wichtiger ist es, dass Sie rechtzeitig an sich selbst denken und auch Ihre eigene Belastung überprüfen. Die Belastung wird in der Regel ganz unterschiedlich empfunden. Für die einen sind dies die sprachlichen Barrieren, für die anderen die Unsicherheit des Aufenthaltsstatus und die dadurch bedingte Hilflosigkeit gegenüber rechtlichen Entscheidungen, die Sie selber kaum beeinflussen können. Wieder andere empfinden die vielen traumatischen Erlebnisse und die damit verbundenen Folgen als besonders belastend. Gerade durch die unterschiedlichen Belastungen und Ihr möglicherweise großes Engagement besteht die Gefahr, dass Sie als ErzieherIn nicht ausreichend auf sich selbst achten, Ihre eigene Gesundheitsfürsorge vernachlässigen und die Risikofaktoren in Ihrer Arbeit unterschätzen.

Mögliche Risikofaktoren in der Arbeit mit Kindern mit Migrations- und Fluchterfahrung

- Das Gefühl, von anderen ausgegrenzt zu werden, weil Sie mit Kindern mit Migrations- und Fluchterfahrung arbeiten
- Als mögliche Folge: sich selber ausgrenzen und/oder die eigene Arbeit als wichtiger als die der Kollegen anzusehen
- Aus Wut und Zorn über die Zustände sich selber überschätzen und/oder überfordern
- Resignieren, weil Sie nicht so viel helfen/ausrichten können, wie Sie vielleicht möchten
- Angst vor Menschen, die Ihre Arbeit nicht für sinnvoll erachten
- Sorge, dass bestimmte Eltern ihre Kinder nicht mehr in ihren Kindergarten schicken wollen
- Dass Ihre Arbeit noch mehr Zeit und Energie erfordert, die nicht zusätzlich und/oder ausreichend honoriert und gewürdigt wird

8.2 Ihre persönliche Belastungsgrenze

Damit Sie ein professionelles Werkzeug für die Überprüfung Ihrer eigenen Belastungsgrenze haben, finden Sie hier den in den USA entwickelten PROQOL Test in der Version 5 mit der entsprechenden Auswertungsmöglichkeit. Im Anschluss an diesen Test finden Sie neben der Checkliste zur Stressreduktion in Ihrem Kita-Alltag zahlreiche Ideen und Anregungen mit denen Sie Ihre Work-Life-Balance verbessern können.

Skala zur Erfassung der beruflichen Lebensqualität – Mitgefühlszufriedenheit und Mitgefühlsmüdigkeit

(PROQOL Version 5 (2009) © B. Hudnall Stamm, 2009-2012. Professional Quality of Life: Compassion Satisfaction and Fatigue Version 5 (ProQOL). Dt. Übersetzung: Gräßer, M. / Hovermann, E. / Kebé, M. (2016))

Wenn Sie anderen Menschen [helfen], kommen Sie in direkten Kontakt mit deren Leben. Wie Sie vielleicht festgestellt haben, kann Sie Ihr Mitgefühl für jene, denen Sie [helfen], auf positive und negative Weise beeinflussen. Nachfolgend sind einige Fragen zu Ihren positiven sowie negativen Erfahrungen als [Helfer]. Prüfen Sie jede der folgenden Fragen über Sie und Ihre aktuelle Arbeitssituation. Wählen Sie die Zahl aus, die ehrlich reflektiert, wie häufig Sie diese Erfahrungen in den vergangenen 30 Tagen gemacht haben.

| 1 = nie | 2 = selten | 3 = manchmal | 4 = oft | 5 = sehr oft / immer |

	Item	1 – 5
1	Ich bin glücklich.	
2	Mich beschäftigt mehr als eine Person, der ich [helfe].	
3	Es macht mich zufrieden, anderen [helfen] zu können.	
4	Ich fühle mich mit anderen verbunden.	
5	Bei unerwarteten Geräuschen zucke ich zusammen oder erschrecke mich.	
6	Ich fühle mich gestärkt nach der (Zusammen-)Arbeit mit jenen, denen ich [helfe].	

Ihre persönliche Belastungsgrenze

	Item	1 – 5
7	Es fällt mir schwer, mein privates Leben von meinem Leben als [Helfer] zu trennen.	
8	Ich bin nicht mehr so leistungsfähig bei der Arbeit, weil mir die traumatische Erfahrung einer Person, der ich helfe, den Schlaf raubt.	
9	Ich glaube, dass ich durch den traumatischen Stress derjenigen, denen ich helfe, beeinflusst worden sein könnte.	
10	Ich fühle mich durch meinen Beruf als Helfer gefangen.	
11	Durch das [Helfen] sind meine Nerven äußerst strapaziert gewesen.	
12	Ich mag meinen Beruf als [Helfer].	
13	Ich fühle mich, als ob ich das Trauma einer Person, der ich [geholfen] habe, selber erlebe.	
14	Ich fühle mich aufgrund der traumatischen Erfahrungen derjenigen, denen ich [helfe], deprimiert.	
15	Ich habe Überzeugungen, die mich stützen.	
16	Ich bin zufrieden mit meiner Fähigkeit, mit der Entwicklung von Hilfstechniken und Protokollen mitzuhalten.	
17	Ich bin die Person, die ich immer sein wollte.	
18	Meine Arbeit macht mich zufrieden.	
19	Ich fühle mich aufgrund meiner Arbeit erschöpft.	
20	Ich habe fröhliche Gedanken und Gefühle in Bezug auf jene, denen ich [helfe], und darauf, wie ich ihnen geholfen habe.	
21	Ich fühle mich überwältigt, weil mir meine [Arbeitsbelastung] unendlich erscheint.	
22	Ich glaube, dass ich durch meine Arbeit „etwas bewirken" kann.	
23	Ich vermeide bestimmte Situationen oder Aktivitäten, da sie mich an beängstigende Erfahrungen der Personen, denen ich [helfe], erinnern.	
24	Ich bin stolz auf das, was ich tun kann, um zu [helfen].	
25	Durch mein Helfen habe ich beängstigende Gedanken.	
26	Ich fühle mich ausgebremst durch das System.	
27	Ich denke, dass ich als [Helfer] ein Erfolg bin.	
28	Ich kann mich an wichtige Bestandteile meiner Arbeit mit Traumaopfern nicht erinnern.	
29	Ich bin eine sehr fürsorgliche Person.	
30	Ich bin glücklich darüber, dass ich mir diese Arbeit ausgesucht habe.	

Ergebnisse im PROQOL Version 5 (2009): Untersuchung der beruflichen Lebensqualität

Tragen Sie Ihre persönlichen Werte basierend auf Ihren Antworten auf S. 77 ein. Wenn Sie Bedenken haben, sollten Sie diese mit einer medizinischen oder psychologischen Fachkraft besprechen.

Mitgefühlszufriedenheit

Bei der Mitgefühlszufriedenheit handelt es sich um die Freude, die Sie dadurch erlangen, dass Sie Ihre Arbeit gut machen. Sie können es z. B. als Freude empfinden, anderen durch Ihre Arbeit zu helfen. Vielleicht haben Sie ein positives Gefühl Ihren Kollegen gegenüber oder Ihrer Fähigkeit, zum Arbeitsumfeld oder sogar zum gesellschaftlichen Gemeinwohl beizutragen. Höhere Werte auf dieser Skala bedeuten eine größere Zufriedenheit mit Ihrer Fähigkeit, eine effektive Pflege- bzw. Betreuungsperson in Ihrem Beruf zu sein.

Der durchschnittliche Wert beträgt 50 (SD = 10, Skalenreliabilität α = .88). Circa 25 Prozent der Personen erzielen Werte über 57 und circa 25 Prozent der Personen erzielen Werte unter 43. Wenn Sie im oberen Bereich liegen, erfüllt Sie Ihre Stelle wahrscheinlich mit sehr viel beruflicher Zufriedenheit. Wenn Ihre Werte unter 40 liegen, kann es entweder sein, dass es ein berufsbezogenes oder ein anderes Problem gibt – z. B. können Sie Ihre Zufriedenheit durch andere Aktivitäten als Ihren Beruf erlangen.

Burnout

Die meisten Menschen haben eine intuitive Vorstellung davon, was Burnout ist. Aus wissenschaftlicher Perspektive stellt Burnout ein Teil der Mitgefühlsmüdigkeit (CF) dar. Es geht einher mit Gefühlen der Hilflosigkeit und Schwierigkeiten im Umgang mit dem Beruf oder der effektiven Ausübung des Berufs. Diese negativen Gefühle beginnen normalerweise schleichend. Sie können das Gefühl widerspiegeln, dass die eigenen Bemühungen keinen Unterschied machen, oder sie können mit einer sehr hohen Arbeitsbelastung oder einem wenig unterstützenden Arbeitsumfeld zusammenhängen. Höhere Werte auf dieser Skala bedeuten, dass Sie einem höheren Burnout-Risiko ausgesetzt sind.

Der durchschnittliche Wert auf der Burnout-Skala beträgt 50 (SD = 10, Skalenreabilität α = .75). Circa 25 Prozent der Personen erzielen Werte über 57 und circa 25 Prozent der Personen erzielen Werte unter 43. Wenn Ihr Wert unter 43 liegt, spiegelt das wahrscheinlich positive Gefühle über Ihre Fähigkeit, effektiv in Ihrem Beruf zu sein, wider. Wenn Sie einen Wert über 57 erzielen, könnten Sie versuchen, sich Gedanken darüber zu machen, wodurch Sie auf der Arbeit das Gefühl haben, nicht effektiv zu sein. Der Wert kann Ihre Stimmung widerspiegeln; vielleicht hatten Sie einen „schlechten Tag" oder Sie brauchen eine Auszeit. Wenn der hohe Wert anhält oder wenn er in Übereinstimmung mit anderen Sorgen ist, kann dies Anlass zur Sorge geben.

Sekundärer traumatischer Stress

Die zweite Komponente der Mitleidsmüdigkeit ist der sekundäre traumatische Stress (STS). Dabei geht es um die berufsbedingte sekundäre Exposition gegenüber extrem oder traumatisierend stressvollen Ereignissen. Die durch die Exposition gegenüber Traumata anderer bedingte Entwicklung eigener Probleme ist sehr selten, passiert jedoch vielen Menschen, die sich um jene kümmern, die extrem oder traumatisierend stressvolle Ereignisse erlebt haben. Zum Beispiel können Sie mehrfach Geschichten über die traumatischen Dinge hören, die anderen Menschen passiert sind (auch: stellvertretende Traumatisierung). Wenn Sie durch Ihre Arbeit unmittelbar Gefahren ausgesetzt sind, z. B. beim Außeneinsatz in einem Kriegsgebiet oder einem Bereich ziviler Gewalt, handelt es sich nicht um sekundäre Exposition, sondern um primäre Exposition. Wenn Sie allerdings infolge Ihrer Arbeit, z. B. als Therapeut oder Rettungsdienstmitarbeiter, den traumatischen Ereignissen anderer ausgesetzt sind, handelt es sich um sekundäre Exposition.

Ihre persönliche Belastungsgrenze

Die Symptome des STS treten normalerweise schnell ein und stehen mit einem bestimmten Ereignis in Zusammenhang. Zu den Symptomen zählen: Angst haben, Schlafschwierigkeiten, sich aufdrängende mentale Bilder des erschütternden Ereignisses, Vermeidung von traumaassoziierten Dingen.
Der durchschnittliche Wert auf dieser Skala beträgt 50 (SD = 10, Skalenreabilität α = .81). Circa 25 Prozent der Personen erzielen Werte unter 43 und circa 25 Prozent der Personen erzielen Werte über 57. Wenn Ihr Wert über 57 liegt, könnten Sie versuchen, darüber nachzudenken, was Sie auf der Arbeit ängstigt oder ob es noch andere Gründe für den erhöhten Wert gibt. Zwar bedeuten höhere Werte nicht, dass Sie ein Problem haben. Dennoch sind sie ein Zeichen dafür, dass Sie prüfen könnten, was Sie über Ihre Arbeit und Ihr Arbeitsumfeld denken. Möglicherweise möchten Sie darüber mit Ihrer Vorgesetzten, einem Kollegen oder einem Gesundheitsexperten sprechen.

Eigene Ergebnisse im PROQOL Version 5 (2009): Untersuchung der beruflichen Lebensqualität

Welchen Wert habe ich und was bedeutet dieser?

In diesem Bereich werden Sie Ihren Test bewerten, um die für Sie bestimmte/zutreffende Interpretation nachzuvollziehen. Um in jedem Abschnitt Ihren Wert zu ermitteln, rechnen Sie die Fragen, die links aufgelistet sind, bitte zusammen und lesen Ihren Wert in der Tabelle auf der rechten Seite des Abschnitts ab.

Skala für Mitgefühlszufriedenheit

Bitte tragen Sie Ihre Bewertung zu jeder dieser Fragen in die Tabelle ein und addieren Sie diese auf. Wenn Sie die einzelnen Bewertungen aufsummiert haben, können Sie Ihren Wert der Tabelle auf der rechten Seite entnehmen.

Meine Werte

Frage Nummer	Meine erreichten Punkte
(3)	
(6)	
(12)	
(16)	
(18)	
(20)	
(22)	
(24)	
(27)	
(30)	
Gesamtpunktzahl:	

Die Summe meiner Fragen zur Mitgefühlszufriedenheit ist	Also gleicht mein Wert	Mein Level der Mitgefühlszufriedenheit ist
22 oder weniger	43 oder weniger	niedrig
zwischen 23 und 41	rund 50	durchschnittlich
42 oder mehr	57 oder mehr	hoch

Skala für Burnout

Auf der Burnout-Skala bitten wir Sie, einen zusätzlichen Schritt zu gehen. Die mit einem Sternchen * versehenen Items sind umgekehrt bepunktet. Wenn Sie dem Item eine 1 gegeben haben, dann schreiben Sie bitte eine 5 daneben. Wir bitten Sie, die Items umgekehrt zu bepunkten, da der Fragebogen aus wissenschaftlicher Sicht besser funktioniert, wenn die Fragen positiv formuliert sind, wenngleich sie uns mehr Auskunft über ihre negative Form geben können. Zum Beispiel sagt Frage 1: „Ich bin glücklich" mehr über die Auswirkungen von Helfen aus, wenn Sie nicht glücklich sind. Aus diesem Grund kehren Sie den Wert der Frage um.

Ihre erreichte Punktzahl	Ändern Sie Ihre erreichte Punktzahl aus der linken Spalte in die folgende Punktzahl
1	5
2	4
3	3
4	2
5	1

Meine Werte

Frage Nummer	Meine erreichten Punkte
* (1)	
* (4)	
(8)	
(10)	
* (15)	
* (17)	
(19)	
(21)	
(26)	
* (29)	
Gesamtpunktzahl:	

Die Summe meiner Fragen zum Burnout ist	Also gleicht mein Wert	Mein Burnout-Level ist
22 oder weniger	43 oder weniger	niedrig
zwischen 23 und 41	rund 50	durchschnittlich
42 oder mehr	57 oder mehr	hoch

Skala für sekundären traumatischen Stress

Bitte tragen Sie genau wie bei der Skala für Mitgefühlszufriedenheit Ihre Bewertung zu jeder dieser Fragen in die Tabelle ein und addieren Sie diese auf. Wenn Sie die einzelnen Bewertungen aufsummiert haben, können Sie Ihren Wert der Tabelle auf der rechten Seite entnehmen

Meine Werte

Frage Nummer	Meine erreichten Punkte
(2)	
(5)	
(7)	
(9)	
(11)	
(13)	
(14)	
(23)	
(25)	
(28)	
Gesamtpunktzahl:	

Die Summe meiner Fragen zu sekundärem Trauma ist:	Also gleicht mein Wert:	Mein sekundärer traumatischer Stresslevel ist:
22 oder weniger	43 oder weniger	niedrig
zwischen 23 und 41	rund 50	durchschnittlich
42 oder mehr	57 oder mehr	hoch

Ihre persönliche Belastungsgrenze

Ab wann sollten Sie professionelle Unterstützung aufsuchen?

Wenn Sie mit dem PROQOL Test erhöhte Werte in einem oder mehreren Bereichen bei sich selbst ermittelt haben und/oder das Gefühl haben, dass Sie bereits seit längerem an oder über Ihrer Belastungsgrenze arbeiten, keine Freude mehr bei der Arbeit haben, ständig müde, oder der Meinung sind, dass es so nicht weitergehen kann, sollten Sie über professionelle Hilfe nachdenken. Es ist sicherlich hilfreich, mit anderen darüber zu sprechen, beispielsweise einer guten Freundin, einer KollegIn oder auch Ihrer ChefIn. Diese können Ihnen eine Rückmeldung geben, ob sie ebenfalls eine Veränderung bei Ihnen festgestellt haben.

Jeder Mensch kann im Laufe seines Lebens in verschiedene Krisen geraten, das ist ganz normal. Vielen Menschen gelingt es, diese Krisen ohne professionelle Hilfe zu bewältigen. Die menschliche Psyche verfügt über ganz erstaunliche Selbstheilungskräfte und viele Menschen haben Familie, Freunde und KollegInnen, die sie hierbei gut und gerne unterstützen.

Manchmal gelingt die Krisenbewältigung jedoch nicht, aus eigener Kraft oder durch Gespräche mit einem Partner oder Freunde, um wieder ins Lot zu kommen. Wenn die psychischen Probleme bestehen bleiben, können sie eine negative Eigendynamik auslösen, der sich der Einzelne allein nur schwer entziehen kann. In einer solchen Situation könnte es sinnvoll sein, einen Psychotherapeuten aufzusuchen und zu klären, ob eine Behandlung ratsam ist.

Wenn Sie unsicher sind, ob für Sie eine Psychotherapie in Frage kommt oder nicht, können Ihnen vielleicht die folgenden Fragen weiterhelfen (nach Piontek, 2009):

Fragen zur Entscheidungsfindung, ob eine Psychotherapie sinnvoll ist

- So kenne ich mich gar nicht, ich bin ganz anders als sonst.
- Ich fühle mich anders als sonst.
- Die Veränderung(en) beunruhigen mich.
- Ich habe keine Erklärung für die Veränderung.
- Oder die Erklärung reicht nicht aus, um Dauer und Heftigkeit meiner Beschwerden zu begründen.
- Ich kann meine tägliche Arbeit nur noch mit Mühe verrichten.
- Ich mache mir ständig Sorgen und habe viele Ängste.
- Ich leide unter körperlichen Beschwerden.
- Ich leide unter Schlafstörungen.
- Ich fühle ich mich oft aggressiv, hasserfüllt oder gereizt.
- Ich bin häufig krankgeschrieben.
- Ich habe Selbstmordgedanken.
- Ich habe kaum noch Menschen, mit denen ich über meine Probleme sprechen kann.
- Gespräche mit Freunden helfen mir nicht mehr.
- Meine Veränderung ist auch anderen schon aufgefallen.
- Diese Dinge bestehen schon länger als drei Monate.

Wo finde ich einen Psychotherapeuten?

Wenn Sie auf der Suche nach einem geeigneten Psychotherapeuten sind, gibt es mehrere Möglichkeiten:

- Sprechen Sie mit Ihrem Hausarzt.
- Erkundigen Sie sich bei Ihrer Krankenkasse.
- Auf der Homepage der Bundesärzteseite finden Sie eine komfortable Suchmöglichkeit für Ihr jeweiliges Bundesland: www.bundesaerztekammer.de/service/arztsuche/
- Sie können dann auf der für sie passenden Internetseite einen Therapeuten nach Postleitzahl suchen.
- Sie können auch eine(n) FreundIn oder Bekannte(n) fragen, ob der oder die vielleicht schon gute Erfahrungen mit einer eigenen Psychotherapie gemacht hat.

Selbstfürsorge

 8.3 Eigene Ressourcen und Kraftquellen

Die Akzeptanz der eigenen Belastungsgrenze und die Bewusstmachung Ihrer eigenen Ressourcen ist eine fortwährende Aufgabe. Wir reagieren immer als ganzer Mensch mit unserem Körper, unserem Geist und unsere Seele. Ihre eigenen Stressfallen sollten Ihnen bewusst sein und Sie sollten über entsprechende Bewältigungsfähigkeiten für Problemsituationen verfügen. Hierbei können der kollegiale Austausch sowie Supervision helfen. Darüber hinaus gibt es ganz viele kleine und sehr effektive Übungen, die Sie präventiv vor bzw. während Ihrer täglichen Arbeit oder am Ende eines anstrengenden Arbeitstages anwenden können. Wir empfehlen Ihnen die bewusste tägliche Anwendung und Pflege eines oder mehrerer solcher Rituale.

Aus der Praxis: Der imaginäre Misthaufen

Ein sehr schönes Beispiel einer sehr erfahrenen ErzieherIn ist uns bei den Recherchen zu diesem Buch besonders in Erinnerung geblieben. Frau Hilgenkamp hatte vor ihrer Kita einen imaginären „Misthaufen", auf den sie am Ende eines jeden Arbeitstages mit einer entsprechenden Handbewegung alles auf diesem Misthaufen „ablud"… Nach eigenen Aussagen hat sie sich nach diesem Ritual immer viel freier gefühlt und auch nach einiger Zeit und Übung keine Probleme mehr mit nach Hause genommen.

Damit Sie sich ein eigenes Ritual aussuchen können, haben wir für Sie noch einige weitere Ideen in der folgenden Übersicht zusammengestellt:

Rituale im Arbeitsalltag

Morgens vor der Arbeit:
- das Lieblingsmusikstück laut hören und mitsingen
- sich bewusst überlegen, auf welche positiven Dinge Sie an diesem Tag achten möchten

In der Frühstücks-, Kaffee- oder Mittagspause:
- einmal bis zur Wiese laufen und den Blick in die Ferne schweifen lassen
- mit der KollegIn Mittagessen und „Smalltalk" halten und nicht über den Job reden
- ein Instrument in die Hand nehmen, ein paar Takte spielen
- die Yogamatte ausrollen und den „Sonnengruß" durchführen
- alle Fenster öffnen, kurz „durchlüften" und frische Energie in den Raum hineinholen
- mit der KollegIn einen Kaffee/Tee trinken

Nach Feierabend:
- beim Verlassen der Kita … einmal kräftig schütteln und alles „abschütteln"
- beim Verlassen der Kita die Tür richtig bewusst schließen und so alle erlebten Dinge des Tages dort belassen.

Überprüfen Sie sich regelmäßig!

Achten Sie auf Ihre eigenen Belastungsgrenzen, behalten Sie Ihre Ressourcen im Blick, seien Sie sich Ihrer eigenen Kraftquellen bewusst und haushalten Sie mit Ihren Kräften. Scheuen Sie sich nicht, professionelle Unterstützung aufzusuchen, wenn dies erforderlich sein sollte. Es zeugt eher von Stärke als von Schwäche, sich frühzeitig Hilfe zu holen. Es gibt kein Patentrezept, das hilft, aber vielleicht nutzen Sie die Checkliste (s. Anhang, S. 93). Überprüfen Sie mit deren Hilfe den Status Ihrer eigenen Interventionsmöglichkeiten zur Stressreduktion im beruflichen Kontext. Achten Sie besonders auf die Punkte, die noch verbessert werden müssen, und ändern Sie diese. Vielleicht nehmen Sie sich die Checkliste auch in regelmäßigen Abständen, z. B. vierteljährlich, erneut vor und überprüfen damit Ihren aktuellen Status und den dann damit verbundenen Handlungsbedarf. Je mehr lächelnde Smileys erscheinen, desto besser!

Kopiervorlagen als Arbeitshilfe

Selbsteinschätzungs-Checkliste

Fragen, die Sie sich stellen sollten, wenn Sie mit Kindern mit Fluchterfahrung arbeiten.
Nehmen Sie sich für die folgenden Fragen eine Stunde Zeit und füllen Sie diese sorgfältig und in Ruhe aus.

1. Ängste

Wie verändert sich mein Arbeitsalltag?/Wie hat sich mein Arbeitsalltag verändert?

Was befürchte ich in meiner Arbeit mit Kindern mit Fluchterfahrung?

Was befürchte ich, welche schlimmen Erfahrungen die Kinder mit Fluchterfahrung gemacht haben und wie diese sich auf die anderen Kinder auswirken könnten?

Welche Erfahrungen/Befürchtungen habe ich in Bezug auf die Zusammenarbeit mit den Eltern/Bezugspersonen der Kinder mit Fluchterfahrung?

Welche Erfahrungen/Befürchtungen habe ich in Bezug auf die Zusammenarbeit mit den Eltern der anderen Kinder?

Was sagen Familie, Freunde, Bekannte dazu, dass ich mit Kindern mit Fluchterfahrung arbeite/arbeiten möchte?

Wie ist die Einstellung meiner KollegInnen zu meinem Engagement und meiner Arbeit?

2. Erwartungen

Welche positiven Erwartungen habe ich?

Was erhoffe ich mir?

Welche Ziele habe ich?

3. Motivation

Was motiviert mich?

Welchen Mehrwert habe ich durch die Arbeit mit Kindern mit Fluchterfahrung und deren Bezugspersonen?

4. Kompetenzen

Kann ich das überhaupt/kriege ich das hin?

Bin ich dazu kompetent genug?

Kann ich mir vorstellen mit Kindern und auch deren Eltern/Bezugspersonen aus einem anderen Kulturkreis zu arbeiten?

Kann ich mit Kindern und auch deren Eltern/Bezugspersonen arbeiten, die die deutsche Sprache gar nicht oder nur gebrochen sprechen?

Muss ich zusätzliche Fortbildungen belegen? Wenn ja, welche sind für diese Herausforderung besonders gut geeignet?

5. Sonstige Fragen, die mich beschäftigen

Checkliste zur Überprüfung Ihrer eigenen Ressourcen, Kompetenzen und Fähigkeiten

Nehmen Sie sich ausreichend Zeit und tragen Sie Ihre Selbsteinschätzung ein.

Meine Ressourcen, Kompetenzen und Fähigkeiten für die Arbeit mit Kindern mit Fluchterfahrung und deren Bezugspersonen	
Sprachkenntnisse	
Fachkenntnisse	
Charaktereigenschaften	
Biografische Erfahrungen (habe ich z. B. selbst einen Migrationshintergrund)	
Familiäre Erfahrungen	
Eigene Erfahrungen (war ich z. B. selbst als Austauschschüler im Ausland)	

Zusätzliche Kompetenzen und Fähigkeiten	
Reisen	
Lesen	
Freundeskreis	
Kunst/Kultur	
Kochen	
Freundes-/Bekanntenkreis	
Glaube/Überzeugungen	
Kreativität	
Kulturelle Erfahrungen	
Nonverbale Fähigkeiten	
Soziale Kompetenzen	
Was würden andere sagen, warum ich für diese Arbeit besonders geeignet bin?	
Sonstige Dinge, von denen ich meine, dass sie bei dieser Arbeit hilfreich sein können.	

Checkliste Tagesablauf in der Kita

Planen Sie den Tagesablauf flexibel.	
Kommunizieren Sie klare aber nicht zu viele Regeln. Dies verunsichert und überfordert viele Kinder am Anfang.	
Bieten Sie konkrete Tätigkeiten für Kinder mit Fluchterfahrung an, für alle anderen Bildungsangebote zum freien Wählen.	
Gestalten Sie Rückzugsmöglichkeiten, in dem Sie viel Raum aber auch Ruhezonen für den angepassten Bewegungsdrang der Kinder schaffen.	
Schaffen Sie eine feste Gruppenzugehörigkeit und vermeiden Sie zu viele offene Situationen.	
Vermeiden Sie, die Kinder durch zu viele Entscheidungsfragen zu verwirren (z. B. Möchtest du den großen grünen oder lieber den gelben kleinen Becher?).	
Sorgen Sie für eine feste Gruppenzugehörigkeit, dadurch lassen sich viele offene Situationen vermeiden, die die Kinder überfordern können.	
Lassen Sie regelmäßig wiederkehrende Rituale in den Kitaalltag einfließen, z. B. gemeinsames Singen von Stuhlkreisliedern vor dem Mittagessen.	
Bieten Sie Möglichkeiten für künstlerisches Gestalten (freies Malen, Bastelangebote, freies Gestalten mit Ton und Gips).	
Respektieren Sie in der ersten Zeit die Essgewohnheiten der Kinder, fremde Ernährungsgewohnheiten erhöhen den Stress der Kinder sehr.	

Arbeitsblatt: Wer hat welche Kompetenzen in Ihrer Kita?

Erarbeiten Sie mithilfe dieses Arbeitsblattes eine Übersicht der Ressourcen, Fähigkeiten und Kompetenzen in Ihrem Kita-Team für die Arbeit mit Kindern mit Fluchterfahrung.

Spezielle Kompetenzen in Ihrem Kita-Team					
Name	Sprachkenntnisse	Fachkenntnisse	Eigene Herkunft	Charaktereigenschaften	Biografische/familiäre Erfahrungen

Andere Kompetenzen in ihrem Kita-Team						
Name	Spezielle Länderkenntnisse	Spezielles Fachwissen	Freundeskreis	Spezielles Kunst-/Kulturwissen	Koch-/Backkenntnisse	Sonstiges

Checkliste: So klappt es mit der Vorbereitung eines Konfliktgesprächs

Haben Sie an alle wichtigen Punkte gedacht? Hier Ihre Checkliste zum Abhaken:

Ich habe die Eltern freundlich zu dem Gespräch eingeladen.	
Ich habe mir meine Gesprächsziele für das Gespräch überlegt und diese klar und „SMART" formuliert.	
Ich habe mich mit meinen KollegInnen abgestimmt.	
Jemand vertritt mich in meiner Gruppe.	
Ich habe einen ruhigen Raum vorbereitet und Getränke bereitgestellt.	
Ich habe abgesprochen, ob die Anwesenheit der Leitung oder einer anderen KollegIn sinnvoll ist.	
Ich habe meine vielleicht bestehenden Befürchtungen mit KollegInnen besprochen.	
Ich habe mir zu etwaigen zu besprechenden Vorfällen ausreichend Hintergrundinformationen eingeholt.	
Ich habe mir vor dem Gespräch die Unterlagen des Kindes noch einmal genau angeschaut.	
Ich habe bei juristisch relevanten Fragen die Rechtslage vorab besprochen und geklärt.	
Ich habe mich über die möglichen interkulturellen Hintergründe und damit verbundenen Besonderheiten der Familie informiert.	
Ich habe ausreichend Zeit eingeplant.	
Ich versuche, möglichst offen und unbefangen in das Gespräch hineinzugehen.	

Elterngesprächsbogen

Elterngesprächsbogen

für: _____ (Name des Kindes)

Wann **Wo** **Gesprächsteilnehmer der Kita**

Datum: _____ Raum: _____ _____

Uhrzeit: _____ _____

	Name	**Sorgeberechtigt?**	**Schweigepflichtentbindung?**
Mutter		ja: ☐ / nein: ☐	Liegt vor: ☐ / liegt nicht vor: ☐
Vater		ja: ☐ / nein: ☐	Liegt vor: ☐ / liegt nicht vor: ☐
Vormund		ja: ☐ / nein: ☐	Liegt vor: ☐ / liegt nicht vor: ☐
Gast-/Pflegeeltern		ja: ☐ / nein: ☐	Liegt vor: ☐ / liegt nicht vor: ☐
Andere Bezugspersonen		ja: ☐ / nein: ☐	Liegt vor: ☐ / liegt nicht vor: ☐

Einladung?	Per Post verschickt am:	Termin bestätigt: ja: ☐ am:
	Per Telefon eingeladen:	Termin bestätigt: ja: ☐ am:
	Per E-Mail eingeladen am:	Termin bestätigt: ja: ☐ am:
Sprache/ Kommunikation	Kommunikation auf Deutsch ist möglich: ja: ☐ / nein: ☐	
	Dolmetscher ist erforderlich: ja: ☐ / nein: ☐	
	Dolmetscher ist eingeladen und hat den Termin bestätigt: ja: ☐ / nein: ☐	

Gesprächsanlass	**Inhaltliche Fragen**
Inhaltliche Vorbereitung des Gesprächs (Beispiele für beobachtete Verhaltensauffälligkeiten, Entwicklungsfortschritte, Defizite, Schwierigkeiten usw.)	
Definierte Ziele	
Mögliche Lösungsstrategien	
Ggf. Infomaterial bereithalten	
Ggf. Kontaktdaten für Beratungsstellen oder weiterführende Hilfen bereithalten	
Vorbereitungen treffen, um wichtige Aspekte des Gesprächs schriftlich festzuhalten	

Inhaltliche Nachbereitung des Elterngesprächs
(Beantworten Sie hierzu zusammenfassend folgende Fragen):

Welche Fragen wurden mir gestellt?	
Wie überzeugend waren meine Antworten?	
Worin lagen die jeweiligen Hauptinteressen der Anwesenden?	
Welche Fragen waren für mich bei der Beantwortung eher schwierig?	
Wie wurden meine Fragen beantwortet?	
Welche Punkte sind für mich im Moment noch offen?	
Auf welche Lösungsstrategien haben wir uns geeinigt?	
Wie sollen die Ziele erreicht werden?	

Selbstreflektion
(Stellen Sie sich die folgenden Fragen selbstkritisch und ehrlich, um so bei jedem zukünftigen Elterngespräch immer professioneller zu werden):

Wie schätze ich den Gesprächsverlauf ein?	
Welche Gesprächsphasen liefen gut/nicht gut?	
Welchen Eindruck habe ich meiner Meinung nach auf die Gesprächspartner gemacht? Erster Eindruck? Letzter Eindruck?	
Hat sich die Atmosphäre im Verlauf des Gesprächs verändert? Wenn ja, weshalb?	
Wie habe ich mich während des Gesprächs gefühlt?	
Welche Fragen waren mir besonders unangenehm und wie habe ich darauf reagiert?	
Was hätte ich besser machen sollen?	
Wie würde ich es beim nächsten Mal besser machen?	
Was kann ich aus dem Gespräch lernen?	

Checkliste Resilienz Kinder

Das Kind ...	Ja	Nein
... hat die Überzeugung, Dinge schaffen zu können.		
... verliert nicht gleich den Mut, wenn Dinge nicht sofort gelingen.		
... mag sich.		
... lacht häufig.		
... kann sich ein Ziel setzen und hat Ideen, wie es das Ziel erreichen kann.		
... hat Interesse an unterschiedlichen Dingen.		
... wirkt in Anforderungssituationen aktiviert.		
... kennt eigene Stärken und kann sie benennen.		
... übernimmt Verantwortung für sein Handeln.		
... versucht, Probleme erst einmal selbst zu lösen.		
... holt sich Hilfe, wenn es nicht weiter weiß.		
Wenn Sie mehr als sechs Fragen mit ja beantworten können, ist das Kind auf dem Weg, eine gute Resilienz zu entwickeln.		

Checkliste resilienzfördernde Spiele

Das Spiel ...	Ja	Nein
... fördert Selbst- und/oder Fremdwahrnehmung.		
... ermutigt die Mitspieler Dinge zu erschaffen.		
... appelliert die Mitspieler Gefühle zu benennen.		
... fördert die sozialen Kompetenzen.		
... fördert das Kommunikationsverhalten.		
... führt zu Wohlbefinden und/oder Lachen.		
... fördert Stressbewältigung.		
... fördert Selbst- und/oder Fremdwahrnehmung.		
Wenn Sie mehr als sechs Fragen mit ja beantworten können, ist das Spiel resilienzfördernd.		

Checkliste: Überprüfung der eigenen Kita

Thema	Ja	Nein
1. Lage/Zugang		
Ist der Zugang zu Ihrer Kita gut erkennbar?		
Haben manche Fenster in Ihrer Kita Gitter oder gibt es andere Sicherheitseinrichtungen, die auf den ersten Blick ähnlich bedrohlich wirken könnten?		
Hat Ihre Kita einen besonders in dunklen Jahreszeiten schlecht beleuchteten Eingang, steile Treppen oder dunkle Flure?		
Wenn Sie einen Fahrstuhl haben, ist das Treppenhaus gut ausgeschildert, damit die Familien frei entscheiden können, welchen Weg sie nutzen möchten?		
2. Kitaschild		
Ist das Kitaschild gut lesbar? Gibt es vielleicht ein Bild darauf, auf dem Kinder abgebildet sind?		
Ist das Kitaschild gut sichtbar aufgehängt?		
Sind Ihre Telefonnummer, E-Mail-Adresse, QR-Code usw. angegeben?		
3. Klingel		
Ist die Klingel gut zu finden?		
Ist die Klingel beleuchtet?		
Ist der Name der Kita gut lesbar?		
4. Eingangs-/Wartebereich		
Ist der Eingangs-/Wartebereich gut identifizierbar und zwar auch dann, wenn das deutsche Wort Wartezimmer/Sitzecke/Abholecke nicht bekannt ist?		
Ist es im Eingangsbereich hell genug?		
Wirkt Ihr Wartezimmer/-bereich einladend/freundlich?		
Gibt es im Wartebereich ausreichend Sitzgelegenheiten?		
Gibt es im Eingangsbereich Gegenstände oder Bilder, die möglicherweise negative Assoziationen auslösen könnten – wie beispielsweise „düstere" Bilder, religiöse Zeichen, Buddha-Statuen, o. Ä., Flyer, Zeitschriften, auf denen Gewalt- oder Notdarstellungen zu sehen sind?		
Gibt es irgendeinen Bezug für die Kinder und deren Familien, in dem sie sich selbst wiedererkennen und eine Verbundenheit spüren können – wie beispielsweise ein Herzlich-Willkommen-Schild in verschiedenen Sprachen, ein Flyer, ein Bild, eine Weltkarte usw.?		

Thema	Ja	Nein
5. Bad/Toilette		
Ist die Toilette eindeutig identifizierbar – beispielsweise durch ein Schild, gegebenenfalls mit Piktogramm?		
Ist das Bad von innen abschließbar?		
Ist es dort ausreichend hell?		
Ist immer für ausreichend Entlüftung und Sauberkeit gesorgt? (Uringeruch kann ein Auslöser/Trigger für eine traumatisierte Person sein.)		
6. Weg in die Gruppenräume		
Ist der Weg zu den Gruppenräumen hell genug?		
Ist der Weg frei von Gegenständen oder Bildern, die möglicherweise negative Assoziationen auslösen könnten?		
7. Gruppenräume		
Sind die Gruppenräume hell genug?		
Sind die Gruppenräume gut gelüftet?		
Sind die Gruppenräume ausreichend schallisoliert?		
Sind die Gruppenräume freundlich/einladend?		
Haben Sie Utensilien für traumatisierte Kinder, wie beispielsweise einen Igelball, o. Ä., was entweder in Griff-/Sichtweite ist oder Sie bei Bedarf schnell holen können?		
8. Mögliche Auslöser/Trigger für traumatisierte Kinder/Eltern		
Gibt es in Ihrer Kita oder der Umgebung mögliche Auslöser/Trigger? Dieses könnten z. B. sein: ◎ Flughafen mit startenden Flugzeugen, ◎ Krankenhaus, zu dem regelmäßig Rettungswagen mit Blaulicht fahren oder Hubschrauber landen, ◎ Polizeistation, von der aus Einsatzwagen mit Sirene starten, ◎ Bahnlinie mit lauten Zügen, ◎ Baustellen mit großem Lärm ◎ usw.		

Checkliste zur Stressreduktion in meinem Kita-Alltag

	Mögliche Interventionen	Mache ich bereits [☺] oder möchte ich mehr drauf achten [!]
1	Ich beobachte meinen eigenen Stresslevel und steuere rechtzeitig dagegen.	
2	Ich nehme meine körperlichen Warnsignale ernst.	
3	Ich habe eine klare Zeiteinteilung mit Pausenregelung.	
4	Ich setze klare Prioritäten während meiner Arbeitszeit.	
5	Ich kenne meine Grenzen und halte diese ein.	
6	Ich beobachte meinen eigenen inneren Dialog.	
7	Ich nehme mir Zeit für bei mir selbst ausgelöste Gefühle, um damit weiter zu arbeiten.	
8	Ich fühle mich sicher und gut ausgebildet bei der Arbeit mit meinen Kindern oder habe entsprechende Maßnahmen veranlasst, um diese Sicherheit zu erhöhen.	
9	Ich pflege meine sozialen Beziehungen und Kontakte.	
10	Ich wende Entspannungstechniken oder ressourcenorientierte Verfahren an.	
11	Ich kann mich gut distanzieren und habe ein eigenes Distanzierungsritual.	
12	Ich habe Humor, Spaß und Freude im Leben.	
13	Ich befinde mich in regelmäßiger Supervision/Intervision.	
14	Ich nehme regelmäßig an Fortbildungen teil und stärke so meine berufliche Kompetenz.	
15	Ich treibe regelmäßig Sport und bewege mich.	
16	Ich habe und pflege ein Hobby.	
17	Ich habe Zeit für schöne Dinge und plane diese fest in meinen Terminkalender ein.	
18	Ich führe ein Positiv-Tagebuch, in dem ich alle positiven Dinge und Ereignisse aufschreibe, die mir passieren.	
19	Ich habe die Möglichkeit eines zeitnahen fachlichen Austausches mit Kollegen, wenn mich etwas beschäftigt, z. B. bei einer Tasse Kaffee oder telefonisch.	
20	Ich engagiere mich neben meiner Arbeit für ein ganz anderes Thema.	
21	Ich zeige Empathie, kann aber trotzdem die Distanz wahren.	
22	Ich habe immer die Augen offen für neue positive Ressourcen.	
23	Ich sorge für mein eigenes Wohlbefinden.	
24	Ich mache keine Versprechungen, die ich nicht halten kann.	
25	Ich spreche meine eigene Befindlichkeit bei meinem Arbeitgeber oder Vorgesetzten an.	
26	Ich habe eine klare Jobbeschreibung und meine Aufgabengebiete und Verantwortlichkeiten sind mir klar.	
27	Ich kann gut „nein sagen" und tue dies auch.	
28	Ich delegiere Aufgaben, die nicht zu meinem Aufgabenbereich gehören oder für die andere spezialisiert sind.	
29	Ich schlafe ausreichend und gut.	
30	Ich ernähre mich gesund und nehme mir Zeit für die Mahlzeiten.	

Praktische Tipps, Hinweise und weiterführendes Material

Internetseiten

An dieser Stelle möchten wir Sie auf einige Internetseiten/Materialien aufmerksam machen, die für Ihre Arbeit oder für eine tiefergehende Recherche hilfreich und wichtig sein können. [Sie wurden am 2.1.2017 abgerufen.]

Stichwort	Beschreibung	Internetadresse
Arztbesuch	Auf diesen Seiten finden Sie Informationen, mehrsprachige Formulare und bildreiches Informationsmaterial, das Eltern und ihren Kindern beim Arztbesuch und dem Thema Gesundheit helfen kann. Die beiden Links, die wir Ihnen angegeben haben, beinhalten jeweils sehr große Linklisten und werden ständig aktualisiert und ergänzt.	◎ https://www.kindergesundheit-info.de/fuer-fachkraefte/arbeiten-mit-fluechtlingsfamilien/kita/ ◎ https://www.medbox.org/refugee/toolboxes/listing
Integrations-spiele	Auf dieser Seite finden Sie eine schöne Übersicht zahlreicher sehr schöner Integrationsspiele und weiterer Informationen zum Thema Integration.	◎ http://wedream.jimdo.com/materialien/spiele/
Kinderrechte	Kinder-Rechte-Plakate können Sie kostenlos bei der Bundeszentrale für politische Bildung unter folgendem Link bestellen.	◎ http://www.bpb.de/shop/lernen/falter/194570/kinderrechte
Materialien	◎ Grimm's 10203 Baukasten Formen 1001 Nacht ◎ Bausteine von Cordoba, Sevillia, Sarkada von Haba ◎ Prismasteine von HABA ◎ Steckmoschee von Amana Buch ◎ LEGO Dacta – Duplo Leute aus aller Welt	
Netzwerke	Auf der Seite des Verbandes binationaler Familien und Partnerschaft finden Sie Literaturhinweise, Informationen, Tipps und Fortbildungsangebote usw. Die Fachstelle „Kinderwelten" für vorurteilsbewusste Bildung und Erziehung hat ebenfalls eine sehr hilfreiche Webseite mit vielen schönen Informationen online gestellt.	◎ http://www.verband-binationaler.de/ ◎ http://www.situationsansatz.de/fachstelle-kinderwelten.html
Personensuche	Im Rahmen des Projekts „Trace the Face" des Internationalen Komitee vom Roten Kreuz geht der DRK-Suchdienst neue Wege bei der internationalen Suche von Personen, die auf der Flucht von ihren Angehörigen getrennt worden sind. Hier besteht die Möglichkeit, dass Ihre Patienten selbst online nach vermissten Angehörigen suchen können.	◎ https://www.drk-suchdienst.de/de/angebote/internationale-suche/trace-face-online-suche-mit-fotos-nach-vermissten-personen-entlang-der ◎ https://familylinks.icrc.org/europe/en/Pages/Home.aspx

Stichwort	Beschreibung	Internetadresse
Psychosoziale Zentren (PSZ)	Die Bundesweite Arbeitsgemeinschaft der Psychosozialen Zentren für Flüchtlinge und Folteropfer (BAfF) ist der Dachverband von Zentren, Einrichtungen und Projekten, die sich die soziale, psychologische und medizinische Versorgung und Behandlung von Flüchtlingen und Überlebenden organisierter Gewalt zur Aufgabe gemacht haben. Die meisten Psychosozialen Zentren bieten darüber hinaus Fachberatung für pädagogische Fachkräfte an und haben in der Regel ein sehr großes Angebot an Aus-/Fort- und Weiterbildungsangeboten.	http://www.baff-zentren.org/mitgliedszentren-und-foerdermitglieder/
Religion	Zum Thema Religionen in der Kita finden Sie auf dieser Webseite zahlreiche Impulse, wie Sie das Thema Religion in Ihrem Kita-Alltag aufgreifen können.	http://kita.zentrumbildung-ekhn.de/fileadmin/content/kita/6Service/Broschueren/Arbeitshilfe_Religionen_in_der_Kita_2012.pdf
Sprache	Ein arabisches Alphabet-Poster, Lernkarten sowie eine Legende für Kinder finden Sie auf der folgenden Internetseite.	http://discoverthemuslimworld.de/arabisch-fuer-kinder/
Zeigewörterbücher und Gesten	Es gibt inzwischen eine Unzahl an (Zeige-)wörterbüchern, mit vielen Begriffen und Bildern aus dem Alltag. Auf der Geolinoseite finden Sie darüber hinaus eine Übersicht zu Gesten aus aller Welt.	www.refugeephrasebook.de http://icoonforrefugees.com/download http://www.geo.de/geolino/mensch/6703-rtkl-gestik-kultur-mal-anders-gesten-aus-aller-welt

Literatur für Kinder

Eine ausführliche Liste mit Literatur für Kinder befindet sich im Downloadbereich.

Literatur

Brooks, R. (2015): Das Resilienz-Buch. Wie Eltern ihre Kinder fürs Leben stärken. Stuttgart: Klett-Cotta.

Dilling, H. / Mombour, W. / Schmidt, M. H. (Hrsg.) (2004): Internationale Klassifikation psychischer Störungen. ICD-10 Kapitel V (F) – Klinisch-diagnostische Leitlinien. Bern: Huber.

Doran, G. T. (1981): There's a S.M.A.R.T. way to write management's goals and objectives. In: Management Review, 70. Jg., Nr. 11, S. 35–36.

Fthenakis, W. E. (Hrsg.) (2004): Resilienz: Widerstandsfähigkeit von Kindern in Tageseinrichtungen fördern. Weinheim: Beltz.

Focali, E. (2009): Sprachen und Kulturen sichtbar machen. Interkulturelle Kompetenzen bei Kleinstkindern. Troisdorf: Bildungsverlag EINS.

Hantke, L. / Görges H.-J. (2012): Handbuch Traumakompetenz. Basiswissen für Therapie, Beratung und Pädagogik. Paderborn: Junfermann-Verlag.

Hendrich, A. (2016): Kinder mit Migrations- und Fluchterfahrung in der Kita. München: Ernst Reinhardt Verlag.

Jampert, K. (2002): Schlüsselsituation Sprache. Spracherwerb im Kindergarten unter besonderer Berücksichtigung des Spracherwerbs bei mehrsprachigen Kindern. Opladen: Lese + Budrich.

Kizilhan, J. I. (2013): Kultursensible Psychotherapie: Hintergründe, Haltungen und Methodenansätze (Forum Migration, Gesundheit, Integration, Bd. 8), Berlin: VWB – Verlag für Wissenschaft und Bildung.

Kölsch-Bunzen, N. / Morys, R. / Knoblauch, C. (2015): Kulturelle Vielfalt annehmen und gestalten. Eine Handreichung zur Umsetzung des Orientierungsplans für Kindertageseinrichtungen in Baden-Württemberg. Freiburg: Herder.

Kubitschek, G. (2014): Die 50 besten Spiele zur Resilienzförderung. München: Don Bosco MiniSpielothek.

Maywald, J. (2015): Zwischen Trauma und Resilienz. Zur Situation der Flüchtlingskinder in Deutschland, Niedersächsisches Kultusministerium, Hannover.

Oyserman, D. / Coon, H. M. / Kemmelmeier, M. (2002): Rethinking individualism and collectivism: Evaluation of theoretical assumptions and meta-analyses. Rethinking Individualism and Collectivism: Evaluation of Theoretical Assumptions and Metaanalyses, 128, 1, 3.

Piontek, R. (2009): Mut zur Veränderung. Methoden und Möglichkeiten der Psychotherapie. Bonn.

Rönnau-Böse, M. (2014): Resilienz im Kita-Alltag. Freiburg: Herder.

Rutter, M. (1985): Resilience in the face of adversity: protective factors and resistance to psychiatric disorders, British Journal of Psychiatry 34, 1387–98.

Saß, H. / Wittchen, H.-U. / Zaudig, M. (1998): Diagnostisches und Statistisches Manual Psychischer Störungen DSM-IV. Göttingen: Hogrefe.

Scheeringa, M. S. / Zeanah, C. H. / Myers, L. / Putnam, F. W. (2003): New findings on alternative criteria for PTSD in preschool children. Journal of the American Academy of Child and Adolescent Psychiatry, 42, 561–570.

Spieß, C. K. / Westermaier, F. / Markus, J. (2016): DIW Wochenbericht 35 / 2016, Kinder und Jugendliche mit Fluchthintergrund nutzen freiwillige Bildungsangebote seltener – mit Ausnahme der Schul-AGs, 765–773.

Steil, R. / Rosner. R. (2009): Posttraumatische Belastungsstörung. Reihe: Leitfaden Kinder- und Jugendpsychotherapie – Band 12. Göttingen: Hogrefe.

Tracy, R. (2007): Wie Kinder sprechen lernen und wie wir sie dabei unterstützen können. Tübingen: Francke.

Welter-Enderlin, R. / Hildenbrand, B. (Hrsg.) (2006): Resilienz – Gedeihen trotz widriger Umstände. Heidelberg: Carl Auer Verlag.